信息化背景下
财务会计工作研究

秦云　赵涛　范书平　著

延边大学出版社

图书在版编目（CIP）数据

信息化背景下财务会计工作研究 / 秦云，赵涛，范
书平著. -- 延吉 ： 延边大学出版社，2023.5
ISBN 978-7-230-05012-8

Ⅰ．①信… Ⅱ．①秦… ②赵… ③范… Ⅲ．①财务会
计一研究 Ⅳ．①F234.4

中国国家版本馆 CIP 数据核字（2023）第 095481 号

信息化背景下财务会计工作研究

著　　者：秦　云　赵　涛　范书平
责任编辑：王思宏
封面设计：文合文化
出版发行：延边大学出版社
社　　址：吉林省延吉市公园路 977 号　　　　邮　　编：133002
网　　址：http://www.ydcbs.com
E-mail：ydcbs@ydcbs.com
电　　话：0433-2732435　　　　　　传　　真：0433-2732434
发行电话：0433-2733056
印　　刷：三河市嵩川印刷有限公司
开　　本：787 mm×1092 mm　　1/16
印　　张：10.75　　　　　　　　　　字　　数：208 千字
版　　次：2023 年 5 月　第 1 版
印　　次：2023 年 6 月　第 1 次印刷
ISBN 978-7-230-05012-8

定　　价：68.00 元

前　言　.

在我国经济不断提升、国家大力提倡创新型发展的背景下，财务管理与会计工作应当紧跟时代，不断推陈出新。然而，在传统财务管理和会计核算工作中，还存在诸多问题，既无法满足企业在快速发展中不断产生的新需求，又影响会计信息的质量，如此，会制约企业的发展，并给企业带来诸多负面影响。企业管理者应该对其进行细致的考虑，进而推进财务管理工作向创新性跨越式发展。财务管理工作对于企业发展十分重要，它不仅影响和制约着企业其他各项经营活动，还决定着一个企业未来的发展和兴衰成败。由此可见，如何做好企业的财务管理和会计核算工作，如何对陈旧的财务管理和会计工作模式进行创新，是企业中每一位经营管理者必须着重思考的问题。此外，伴随着当今世界不断涌现的经济全球化浪潮，以及资本市场与跨国公司的快速发展，着力推动企业财会工作的创新性发展、实现企业财务管理与会计核算的现代化和科学化已迫在眉睫。

随着大数据、云计算、互联网等信息技术的兴起与发展，社交媒体、虚拟服务等在经济、生活、社会等各个方面的影响越来越大。同时，信息正在以前所未有的速度递增，全球快速迈入信息化时代。信息化是中国经济新常态下创新驱动的发动机和产业转型的助推器，带动了技术研发体系创新、管理方式变革、商业模式创新和产业价值链体系重构，推动了跨领域、跨行业的数据融合和协同创新。

财务会计作为组织企业财务活动、处理企业财务关系的一项综合性经济管理部分，在企业管理中的地位日益提高。本书从信息化背景出发，对信息化背景下企业的定位分析、运营、财务管理等方面做出详细的阐述，然后对信息化背景下会计工作的创新进行分析与总结。本书结构合理，系统完整，注重时效性和实用性，对会计从业人员有一定的指导和参考价值。

目　　录

第一章　财务会计工作概述

第一节　财务会计基本概念

一、财务会计的概念及特点

（一）财务会计的概念

20 世纪 50 年代，现代会计学被划分为财务会计和管理会计两大分支。管理会计是为提高企业经济效益，通过一系列专门的方法，将财务会计提供的资料及其他资料进行加工、整理和报告，使企业各级管理人员能据此对日常发生的各项经济活动进行规划与控制，并帮助决策者作出各种决策的一个会计分支。因此，管理会计被称为"面向未来的会计""对内报告会计"；而财务会计被称为"面向过去的会计""对外报告会计"。

财务会计是以《中华人民共和国会计法》为准绳，依据《企业会计准则》和《企业会计制度》，采用一系列专门的方法，对企业经济活动进行核算和监督，并以财务报告的形式，为有关方面提供企业财务信息而进行的一项经济管理活动。

财务会计是现代企业的一项重要的基础性工作，是现代会计的一个分支，与管理会计共同构成了现代企业会计系统。

（二）财务会计的特点

财务会计的特点，主要表现在以下几个方面：

第一，从提供信息的时态来看，财务会计着重提供有关企业过去和现在的经济活动情况及其结果的会计信息。

第二，从提供信息的内容来看，财务会计提供的财务信息主要由通用财务会计报告加以揭示。

第三，从服务对象看，财务会计主要为外部使用者提供财务信息。

第四，从工作程序的约束依据来看，财务会计受外在统一的会计规范约束。

第五，从会计程序与方法来看，财务会计有比较科学的、统一的、定型的会计处理程序与方法。

二、财务会计的目标

财务会计的目标又被称为财务会计报告目标。2014年修订的《企业会计准则——基本准则》中规定：财务会计报告的目标是向财务会计报告使用者提供与企业财务状况、经营成果和现金流量等有关的会计信息，反映企业管理层受托责任的履行情况，有助于财务报告使用者做出经济决策。

财务会计的目标作为会计理论体系的重要组成部分，既是连接外部会计环境与会计系统的关键，也是构建会计体系的向导。纵观会计理论界对财务会计目标的研究，归纳起来主要有两大观点，即"受托责任观"和"决策有用观"。

"受托责任观"认为，财务会计的目标就是以适当的方式提供会计信息，反映受托人的责任履行情况，即财务会计应向委托人报告受托人的经营活动及其成果，要求其为会计信息使用者提供会计主体在经营管理过程中履行受托责任的情况，以及过去一段时间里企业财务状况和经营业绩的信息，以判断管理部门的经营是否有效。从这一目标出发，"受托责任观"在信息的提供方面侧重过去，只确认已经发生的经济事项，强调信息的可靠性。

"决策有用观"认为，财务会计的目标就是向会计信息使用者提供对其决策有用的信息，即财务会计应当为现在的和潜在的投资者、信贷者和其他信息使用者提供有利于作出合理投资和信贷决策及其他决策的信息。从这一目标出发，"决策有用观"在会计信息提供方面，不仅需要确认实际已经发生的经济事项，还要提供那些虽然尚未发生但对企业已有影响的经济信息，以满足使用者的需要，强调信息的相关性。确定我国财务会计的目标，既要充分借鉴其他国家的经验，又要立足我国的经济环境。

为实现财务会计目标，财务会计信息应满足以下两个方面的需要：

（一）为企业外部有关方面了提供信息

在市场经济条件下，企业与外部有关方面形成了各种不同的经济关系，这些经济关系主要表现为企业与政府、投资者、债权人及社会公众等之间的经济关系。充分满足企业外部有关方面对会计信息的需要，是财务会计的目标之一。

（二）为企业内部经营管理提供信息

会计是企业内部的重要信息系统，会计提供的信息准确、可靠，有助于决策者进行合理的决策、强化企业内部的管理，反映企业管理层受托责任的履行情况。

第二节　会计基本假设和财务会计信息的质量要求

一、会计基本假设

为保证会计信息的一致性，且符合财务报告的目标，财务会计要在一定的假设条件下进行确认、计量、记录和报告会计信息，这就是会计假设。

（一）会计主体

会计主体是指企业会计需要确认、计量和报告的空间范围，是会计人员核算和监督的特定单位。会计主体假设要求会计人员只能核算和监督有主体存在的经济活动。这一前提的主要意义在于：一是将特定主体的经济活动与该主体所有者及职工个人的经济活动区别开；二是将该主体的经济活动与其他单位的经济活动区别开，从而界定从事会计工作和提供会计信息的空间范围，同时说明会计主体的会计信息仅与该会计主体的主题活动和成果有关。

例如，一项商品购销业务，甲方是买方，乙方是卖方。按照会计主体的要求，会计人员应站在本企业的立场处理业务，即甲方的会计应作商品购进的会计处理，而乙方的会计应作商品销售的会计处理。

会计主体不同于法律主体。法人可以作为会计主体，但会计主体不一定是法人。例如，由自然人创办的独资和合伙企业不具有法人资格，虽然这类企业的财产和债务在法律上被视为业主或合伙人的财产和债务，但是在会计核算上必须将其作为会计主体，以便将企业的经济活动与其所有者的经济活动和其他实体的经济活动区分开。企业集团由若干个具有法人资格的企业组成，各个企业既是独立的会计主体，又是法律主体，但为了反映整个集团的财务状况、经营成果及现金流量等情况，还应编制该集团的合并会计报表。企业集团是会计主体，但不是一个独立法人。

（二）持续经营

持续经营是指在可预见的未来，会计主体按照当前的规模和状态持续经营下去，不会停业，也不会大规模削减业务。例如，企业固定资产计量应按构建时的历史成本入账，固定资产价值通过折旧的形式，在其使用年限内分期转作费用等，都是以持续经营为前提的。

（三）会计分期

会计分期是指将企业持续经营的生产经营活动划分成一个个连续的、间隔相同的时间段。会计分期的目的是通过将持续经营的生产经营活动划分成连续、相等的时间段，据以结算盈亏，按期编报财务报告，从而及时向财务报告使用者提供有关企业财务状况、经营成果和现金流量的信息。

我国《企业会计准则——基本准则》中，将会计期间分为年度和中期。会计年度与公历年度相同，从每年1月1日开始，至12月31日；中期是指短于一个完整的会计年度的报告期间，包括半年度、季度和月度。明确会计分期假设的意义在于，会计分期界定了会计信息的时间段落，为分期结算账目和编报财务会计报告奠定了基础；有了会计分期，便产生了当期和以前期间、以后期间的差别，使不同类型的会计主体有了记账的基准，进而出现了折旧、摊销等会计处理方法。

（四）货币计量

货币计量是指会计主体在财务会计确认、计量和报告时以货币计量，反映会计主体的生产经营活动。《企业会计制度》规定，企业的会计核算以人民币为记账本位币。业务收支以人民币以外的货币为主的企业，可以选定其中一种货币作为记账本位币，但是编报的财务会计报告应当折算为人民币。

上述为会计核算的四项基本前提，具有相互依存、相互补充的关系。会计主体确定了会计核算的空间范围，持续经营与会计分期确定了会计核算的时间长度，而货币计量为会计核算提供了必要的手段。没有会计主体，就没有持续经营；没有持续经营，就不会有会计分期；没有货币计量，就不会有现代会计。

二、财务会计信息的质量要求

财务会计信息的质量要求是对企业财务报告中所提供的会计信息质量的基本要求，是财务报告中所提供的会计信息应具备的基本特征，它包括可靠性、相关性、可理解性、可比性、实质重于形式、重要性、谨慎性和及时性。

（一）可靠性

企业应当以实际发生的交易或者事项为依据进行确认、计量和报告，如实反映符合确认和计量要求的各项会计要素及其他相关信息，保证会计信息真实可靠、内容完整。

会计信息要想有用，可靠必须是前提。如果财务报告提供的会计信息是不可靠的，就会对投资者和使用者的决策产生误导，甚至带来损失。

（二）相关性

企业提供的会计信息应与投资者的财务报告和使用者的经济决策需要相关，有助于投资者和财务报告使用者对企业过去、现在或者未来的情况作出评价或者预测。

会计信息是否有用，是否具有价值，是否与使用者的决策需要相关，是否有助于使用者提高决策水平。相关的会计信息能够有助于使用者评价企业过去的决策，证实或者修正过去的有关预测，因而具有反馈价值。相关的会计信息还具有预测价值，有助于使用者根据财务报告所提供的会计信息预测企业未来的财务状况。

（三）可理解性

企业提供的会计信息应当清晰明了，便于投资者和财务报告使用者理解和使用。

企业编制财务报告、提供会计信息的目的在于使用。使用者要想有效地使用会计信息，就应当先了解会计信息的内涵，弄懂会计信息的内容，这就要求财务报告提供的会计信息应当清晰明了，易于理解。如果决策者不理解企业提供的会计信息，即使提供的信息既可靠又相关，也不会有用。

（四）可比性

企业提供的会计信息应当相互可比。可比性主要包括以下两层含义：

第一，同一企业不同时期可比，即纵向可比。为了方便投资者等财务报告使用者了解企业财务状况、经营成果和现金流量的变化趋势，比较企业在不同时期的财务报告信息，全面、客观地评价过去、预测未来，从而作出正确决策，会计信息质量的可比性要求同一企业在不同时期发生的相同或者相似的交易或者事项，应当采用一致的会计政策，不得随意变更。当然，这并不代表企业就不得变更会计政策，若变更后可以提供更可靠、更相关的会计信息，则可以变更会计政策，但应当在附注中予以说明。

第二，不同企业相同会计期间可比，即横向可比。为了方便投资者等财务报告使用者评价不同企业财务状况、经营成果和现金流量的变化趋势，会计信息质量的可比性要求不同企业在同一时期发生的相同或者相似的交易或者事项，应当采用规定的会计政策，确保会计信息口径一致，以使不同企业按照一致的会计政策确认、计量和报告要求提供有关会计信息。

（五）实质重于形式

企业应当按照交易或者事项的经济实质进行会计确认、计量和报告，而不仅仅以交易或者事项的法律形式为依据。

在会计实务中，交易或事项的法律形式并非总能完全真实地反映其实质内容，所以企业在进行会计核算时，应当以经济实质为依据，而不能仅以外在的表现形式为依据。例如，以融资租赁方式租入的资产，虽然从法律形式上讲企业并没有其所有权，但是由于租赁合同中规定的租赁期较长，接近于该资产的使用寿命，而且承租企业在租赁期内有权控制该资产并从中受益，因此从其经济实质角度讲，以融资租赁方式租入的资产应视为企业的资产。

（六）重要性

企业提供的会计信息应当包含与企业财务状况、经营成果和现金流量有关的所有重要交易和事项。信息是否重要，主要依靠会计人员的职业判断。当某项会计信息被遗漏或者错误地表达时，可能会影响使用者根据财务信息所做的经济决策，则该信息就具有重要性。重要的会计信息需要严格按照会计原则和会计程序单独、详细、重点地进行核算和报告。如果某项会计信息不重要，企业可以对包含该项会计信息的会计事项进行简化核算或者合并核算。

（七）谨慎性

在对交易或者事项进行会计确认、计量和报告时，企业应当保持应有的谨慎，不应高估资产、收益或者低估负债、费用。受市场经济影响，企业在生产经营过程中存在很多不确定的因素和风险。企业应当充分预计可能发生的负债、费用或损失，尽量少计或不计可能出现的资产和收益，以免预计的会计信息让使用者盲目乐观。企业应当运用谨慎的职业判断和稳妥的会计方法进行会计核算，既不高估资产或者收益，也不低估负债或者费用。

（八）及时性

企业要对已发生的交易或者事项进行及时的确认、计量和报告，不得提前或者延后。

任何信息都有其时效性，在某种程度上，信息越及时其价值越高。不及时的信息，价值会大打折扣，甚至毫无用处。所以在会计核算过程中，要及时收集、处理、传递会计信息，以满足会计信息使用者的需要。

第三节　财务会计要素及计量属性

　　财务会计要素是根据交易或者事项的经济特征确定的财务会计对象的基本分类。

　　按照我国企业会计准则，财务会计要素为资产、负债、所有者权益、收入、费用和利润。这六要素又可以分成两大类，即通过资产负债表反映的财务状况要素和通过利润表反映的经营成果要素。

一、财务状况要素（资产负债表要素）

　　财务状况是指企业在一定时期内的资产及所有者权益情况，是资金运动相对静止时的表现。财务状况通过资产负债表反映出来，包括资产、负债、所有者权益三项。

　　（一）资产

　　1.概念

　　资产是指企业在过去的交易或者事项中形成的，由企业拥有或者控制的，预计会给企业带来经济利益的资源。

　　2.特征

　　（1）资产可能会给企业带来经济利益

　　资产具有直接或间接导致现金和现金等价物流入企业的潜力。资产之所以被称为资产，是因为其能够为企业带来经济利益。如果某个项目不能给企业带来经济利益，那么就不能将其确认为企业的资产。前期已经确认为资产的项目，如果现在不能给企业带来经济利益，也不能再将其确认为企业的资产。

　　（2）资产应被企业拥有或控制

　　企业享有某项资源的所有权，或者即使某项资源不被企业所拥有，也应是企业所能控制的。

（3）资产由企业过去的交易或事项形成

企业过去的交易或事项包括购买、生产、建造等。只有过去的交易或者事项才能产生资产，企业在未来发生的交易或者事项不是资产。

3.资产的确认条件

第一，与该资产有关的经济利益很可能流入企业。

第二，该资产的成本金额能够可靠计量。

4.资产的分类

资产按流动性不同，可分为流动资产和非流动资产。

流动资产是指可以在一年或者超过一年的一个营业周期内变现或耗用的资产，主要包括货币资金、交易性金融资产、应收票据、应收账款、预付款项、应收利息、应收股利、其他应收款和存货等。

非流动资产是指流动资产以外的资产，主要包括长期股权投资、固定资产、在建工程、工程物资、无形资产和开发支出等。

（二）负债

1.概念

负债是指企业过去的交易或者事项形成的，会导致经济利益流出企业的现时义务。

现时义务是指企业在现行条件下已承担的义务。未来发生的交易或者事项形成的义务，不属于现时义务，不应当确认为负债。

2.特征

（1）负债是企业承担的现时义务

现时义务既可以是法定义务，也可以是推定义务。法定义务是指具有约束力的合同或者法律、法规规定的义务，通常需要强制执行；推定义务是指企业根据多年来的习惯做法、已公开的承诺或者宣布的政策，向其他方表明将承担且其他方也合理预期将履行的相关义务。

（2）负债预期会导致经济利益流出企业

预期导致经济利益流出企业是负债的一个本质特征。企业在未来以转移资产、提供劳务或将负债转为资本等形式清偿负债时，会引起未来的经济利益流出企业。例如，甲企业开出 50 万元的转账支票用来支付未付材料款时，导致经济利益流出企业。

（3）负债是过去的交易或事项形成的

只有过去的交易或者事项才能形成负债，企业不能根据未来发生的交易或者事项形成负债。例如，企业经过商讨，决定明年从银行贷款 10 万元购买某设备，该计划不属于过去的交易或者事项，不能形成企业的负债。

3.负债的确认条件

第一，与该义务有关的经济利益很可能流出企业。

第二，未来流出的经济利益金额能够可靠计量。

4.负债的分类

负债按流动性不同，可分为流动负债和非流动负债。

流动负债是指将在一年（含一年）或者超过一年的一个营业周期内偿还的债务，主要包括短期借款、应付票据、应付账款、预收款项、应付职工薪酬、应交税费、应付利息、应付股利和其他应付款等。

非流动负债是指流动负债以外的负债，主要包括长期借款、应付债券和长期应付款等。

（三）所有者权益

所有者权益是指企业资产在扣除负债后由所有者享有的权益，又称为股东权益。所有者权益的来源包括所有者投入的资本、直接计入所有者权益的利得和损失、留存收益等。

所有者投入的资本是所有者投入企业的本钱，包括企业注册资本或股本部分的金额，也包括投入资本超过注册资本或股本部分的金额，即股本溢价或资本溢价。

直接计入所有者权益的利得和损失，是指不应计入当期损益，会导致所有者权益发生增减变动的，与所有者投入的资本或者向所有者分配的利润无关的利得或者损失。利得是指企业在非日常活动中获得的，会导致所有者权益增加，但与所有者投入的资本无关的经济利益的流入。损失是指企业在非日常活动中出现的，会导致所有者权益减少，但与所有者分配利润无关的经济利益的流出。

所有者权益可分为实收资本、资本公积、盈余公积和未分配利润等。

所有者权益的确定主要依靠其他会计要素的确认，金额的确定也主要取决于资产和负债的计量。

反映财务状况的三个要素之间的关系形成了基本的会计等式：

$$资产＝负债＋所有者权益$$

这一等式是复式记账、会计核算和编制资产负债表的理论依据。

二、经营成果要素（利润表要素）

企业经营成果是指企业在一定时期内从事生产经营活动所取得的最终成果，是资金运动显著变化的主要体现。经营成果通过利润表反映出来，包括收入、费用和利润三项。

（一）收入

1.概念

收入是指企业在日常活动中形成的，会导致所有者权益增加，但与所有者投入资本无关的经济利益的总流入。包括销售商品的收入、提供劳务的收入和让渡资产使用权的收入等。

2.特征

（1）收入是在日常活动中获得的

日常活动是指企业为完成其经营目标所从事的经营性活动及与之相关的活动。例如，企业销售商品和制造产品，均属于企业的日常活动。非日常活动所获得的经济利益的流入不能确认为收入，应当计入利得。

（2）收入会导致所有者权益的增加

企业取得的收入可能表现为资产的增加或负债的减少，根据会计等式，收入最终会导致所有者权益的增加。

（3）收入是与所有者投入资本无关的经济利益的总流入

所有者投入资本会使企业流入经济利益，但不属于收入的范畴。

3.收入的确认条件

第一，与收入相关的经济利益很可能流入企业。

第二，经济利益流入企业会导致资产的增加或负债的减少。

第三，经济利益的流入金额能够被可靠计量。

（二）费用

1.概念

费用是指企业在日常活动中产生的，会导致所有者权益减少，但与向所有者分配利润无关的经济利益的总流出。例如，主营业务成本、其他业务成本、营业税金及附加、管理费用、财务费用、销售费用和所得税费用等。

2.特征

（1）费用是日常活动中产生的

费用中涉及的日常活动的界定与收入中涉及的日常活动的界定是一致的。非日常活动所产生的经济利益的流出不能确认为费用，而应当计入损失。

（2）费用会导致所有者权益的减少

企业产生的费用可能表现为资产的减少或负债的增加，根据会计等式，费用最终会导致所有者权益的减少或负债的增加。

（3）费用是与向所有者分配利润无关的经济利益的总流出

虽然企业向所有者分配利润会导致经济利益流出，但该经济利益的流出属于投资者投资回报的分配，将直接减少所有者权益，所以不应确认为费用。

3.费用的确认条件

第一，与费用相关的经济利益很可能流出企业。

第二，经济利益流出企业的结果会导致资产的减少或负债的增加。

第三，经济利益的流出金额能够可靠计量。

（三）利润

利润是指企业在一定会计期间的经营成果，包括收入减去费用后的净额，直接计入当期利润的利得和损失。利润一部分为营业收入减去营业成本、营业税金、管理费用、销售费用、财务费用；另一部分为直接计入当期利润的利得和损失。利润的确认不仅依赖于收入和费用，还有利得和损失，其金额的确定也主要取决于收入、费用、利得、损失金额的计量。

反映经营成果的三个要素之间的关系等式：

$$收入-费用=利润$$

这一等式也是编制利润表的理论依据。

三、会计要素计量的属性

企业将符合确认条件的会计要素登记入账并列报于财务报表时，应当按照规定的会计计量属性进行计量，确定其金额。会计要素计量属性是会计要素金额的确定基础，主要包括历史成本、重置成本、可变现净值、现值和公允价值等。

（一）历史成本

在计量历史成本的条件下，资产按照购置时支付的现金，或者按照购置资产时所付出的等价物的公允价值计量。负债按照因承担现时义务而实际收到的款项、资产的金额、合同金额，或者按照在日常活动中为偿还负债预期需要支付的现金或者现金等价物的金额计量。

（二）重置成本

在重置成本计量的条件下，资产按照现在购买的相同或者相似资产所需支付的现金或者现金等价物的金额计量；负债按照现在偿还该项债务所需支付的现金或者现金等价物的金额计量。

（三）可变现净值

在可变现净值计量的条件下，资产按照其对外正常销售所能收到的现金或者现金等价物的金额扣减该资产至完工时预计要产生的成本、销售费用和相关税费的金额计量。

（四）现值

在现值计量的条件下，资产按照预计期限内从其持续使用和最终处置中所产生的未来净现金流入量的折现金额计量；负债按照预计期限内需要偿还的未来净现金流出量的折现金额计量。

（五）公允价值

在公允价值计量的条件下，资产和负债按照在企业的交易中，熟悉彼此情况的交易双方自愿进行资产交换或者债务清偿的金额计量。

企业在对会计要素进行计量时，一般采用历史成本计量，重置成本、可变现净值、现值、公允价值计量，保证所确定的会计要素金额能够准确取得并可靠地计量。

四、会计基础

会计基础有权责发生制和收付实现制两种。我国企业会计的确认、计量和报告应当以权责发生制为基础。

权责发生制要求：凡是当期已经实现的收入或者应当负担的费用，无论款项是否收付，都应当作为当期的收入和费用，计入利润表；凡是不属于当期的收入和费用，即使款项已在当期收付，也不应当作为当期的收入和费用。收付实现制是与权责发生制相对应的一种会计基础，是以收到或者支付的现金作为确认收入和费用的依据。目前，我国的行政事业单位会计采用收付实现制；事业单位会计除经营业务可以采用权责发生制以外，其他大部分业务都采用收付实现制。

第四节　财务会计岗位描述

一、财务会计工作岗位的设置

会计工作作为企业信息管理系统的一个重要组成部分，其自身也是一个完整的信息管理子系统（如表1-1），相应地形成了一个财务会计工作的岗位群。

表 1-1 会计岗位系统

会计岗位系统	会计岗位名称
资金管理系统	资金核算岗位
	往来结算岗位
	工资核算岗位
	出纳岗位
资产管理系统	存货核算岗位
	固定资产核算岗位
转账管理系统	成本会计岗位
	税务会计岗位
	财务成果核算岗位
管理控制系统	会计主管岗位
	稽核岗位
	总账报表岗位
	预算管理岗位
	会计电算化管理岗位
	档案管理岗位

《会计基础工作规范》规定：会计工作岗位，可以一人一岗、一人多岗或者一岗多人。但出纳人员不得兼管稽核、会计档案保管和收入、费用、债权债务账目的登记工作。

企业应当依据法规，从本单位的会计业务量和会计人员配备的实际情况出发，按照效益最大化原则和精简原则进行会计岗位的设置。

二、财务会计工作岗位的职责

要在遵守国家法规制度的前提下，结合企业自身的业务和管理特点来确定不同的财务会计工作岗位职责。

（一）会计主管岗位的职责

第一，领导单位财务会计的具体工作。

第二，组织制定、贯彻执行本单位的财务会计制度。

第三，组织编制本单位的各项财务成本计划。

第四，组织开展财务成本分析。

第五，审查或参与拟定经济合同、协议及其他经济文件。

第六，参加生产经营管理会议，参与经营决策。

第七，在职工代表大会上向本单位领导和其他员工报告财务状况和经营成果。

第八，审查对外报送的财务会计报告。

第九，负责组织会计人员的政治理论、业务技术的学习和考核，参与会计人员的任免和调动工作。

（二）出纳岗位的职责

第一，办理现金收付和结算业务。

第二，登记现金和银行存款日记账。

第三，保管库存现金和各种有价证券。

第四，保管企业印章、空白收据和空白支票。

（三）固定资产核算岗位的职责

第一，会同有关部门拟定固定资产的核算与管理办法。

第二，参与编制固定资产更新改造和大修理计划。

第三，负责固定资产的明细核算和有关报表的编制。

第四，计算提取固定资产折旧和大修理资金。

第五，参与固定资产的清查盘点。

（四）材料物资核算岗位的职责

第一，会同有关部门拟定材料物资的核算与管理办法。

第二，审查汇编材料物资的采购资金计划。

第三，负责核算材料物资的明细。

第四，会同有关部门编制材料物资计划成本目录。

第五，配合有关部门制定材料物资消耗定额。

第六，参与材料物资的清查盘点。

（五）库存商品核算岗位的职责

第一，负责核算库存商品的明细分类。

第二，会同有关部门编制库存商品计划成本目录。

第三，配合有关部门制定库存商品的最低、最高限额。

第四，参与库存商品的清查盘点。

（六）工资核算岗位的职责

第一，监督工资基金的使用。

第二，审核发放工资、奖金。

第三，负责核算工资的明细。

第四，负责核算工资的分配。

第五，计提应付福利费和工会经费等费用。

（七）成本核算岗位的职责

第一，拟定成本核算办法。

第二，制定成本费用计划。

第三，负责成本管理的基础工作。

第四，核算产品成本和期间费用。

第五，编制成本费用报表并进行分析。

第六，协助管理产品和自制半成品。

（八）收入、利润及利润分配核算岗位的职责

第一，负责编制收入、利润计划。

第二，办理销售款项结算业务。

第三，负责核算收入和利润的明细。

第四，负责核算利润分配的明细。

第五，编制收入和利润报表。

第六，协助有关部门对产成品进行清查盘点。

（九）资金核算岗位的职责

第一，拟定资金管理和核算的办法。

第二，编制资金收支计划。

第三，负责资金调度。

第四，负责核算资金筹集的明细分类。

第五，负责核算企业各项投资的明细分类。

（十）往来结算岗位的职责

第一，建立往来款项结算手续制度。

第二，办理往来款项的结算业务。

第三，负责核算往来款项结算的明细。

（十一）总账报表岗位的职责

第一，负责登记总账。

第二，负责编制资产负债表、利润表、现金流量表等有关财务会计报表。

第三，负责管理会计凭证和财务会计报表。

（十二）稽核岗位的职责

第一，审查财务成本计划。

第二，审查各项财务收支。

第三，复核会计凭证和财务会计报表。

（十三）税务会计岗位的职责

第一，办理负责公司税务的缴纳、查对、复核等事项。

第二，办理有关的免税申请及退税冲账等事项。

第三，办理税务登记及变更等事项。

第四，编制相关的税务报表及分析报告。

第五，办理其他与税务有关的事项

第五节　会计信息化管理制度

会计信息化与手工会计处理相比，其处理过程和处理手段都发生了重大的变化，对会计工作管理的方法、程序、核算体系也都产生了巨大的影响。相关单位必须对自己的会计管理制度进行相应的调整，以此保证系统正常、安全、可靠地运行。会计信息系统的管理制度主要包括会计信息化岗位责任制度、会计信息化操作管理制度、计算机硬软件和数据管理制度、信息化会计档案管理制度。

一、会计信息化岗位责任制度

开展会计信息化的单位要建立会计信息化岗位责任制度，要明确各个工作岗位的职责范围，切实做到事事有人管，人人有专责，办事有要求，工作有检查。会计信息化后的工作岗位可分为基本会计岗位和信息化会计岗位。

基本会计岗位包括会计主管、出纳、会计核算、稽核、会计档案管理等，与手工会计核算时的各岗位相对应。根据各单位会计工作的具体情况，基本会计岗位可以一人一岗、一人多岗或一岗多人，但应当符合内部牵制制度的要求，如出纳人员不得同时负责稽核、某些账目的登记、会计档案的保管工作。基本会计岗位的人员必须持有"会计从业资格证书"。信息化会计岗位是指直接管理、操作、维护计算机及会计软件系统的工作岗位，一般可划分如下：

（一）信息主管

信息主管负责协调计算机及会计软件系统的运行工作，要求具备会计和计算机知识，以及相关的会计信息化组织管理经验。信息主管可由会计主管兼任。采用中小型计算机和计算机网络会计软件的单位，应设立此岗位。

（二）软件操作员

软件操作员负责输入记账凭证、原始凭证，输出记账凭证、会计账簿、报表，进行部分会计数据处理工作。软件操作员要具备会计软件操作知识，达到会计信息化初级的水平。各单位应鼓励基本会计岗位的会计人员兼任软件操作员。

（三）审核记账员

审核记账员负责对输入计算机的会计数据（记账凭证和原始凭证等）进行审核，操作会计软件登记机内账簿，对打印输出的账簿、报表进行确认。审核记账员要具备会计和计算机知识，达到会计信息化初级的水平。审核记账员可由主管会计兼任。

（四）信息维护员

信息维护员负责保证计算机硬件和软件的正常运行，管理计算机内的会计数据。信息维护员要具备会计和计算机知识，经过会计信息化中级知识培训。采用大型、小型计算机和计算机网络会计软件的单位，应设立此岗位。在大中型企业中，信息维护员应由专职人员担任。

（五）信息审查员

信息审查员负责监督计算机及会计软件系统的运行，防止他人利用计算机舞弊。信息审查员要具备会计和计算机知识，达到会计信息化中级的水平。电算审查员可由会计稽核人员兼任，采用大型、小型计算机和大型计算机网络会计软件的单位，可设立此岗位。

（六）数据分析员

数据分析员负责对计算机内的会计数据进行分析。数据分析员要具备会计和计算机知识，达到会计信息化中级的水平。采用大型、小型计算机和计算机网络会计软件的单位，可设立此岗位。数据分析员可由主管会计兼任。

（七）档案保管员

档案保管员负责保存会计数据的存储介质，输出的各种账表、凭证和各种会计资料；做好数据与资料的安全保密工作。

（八）软件开发员

软件开发员负责本单位会计软件的开发、维护和二次开发等工作。

小型企事业单位在设立信息化会计岗位时，应根据实际需要对上述岗位进行适当合并。

二、会计信息化操作管理制度

实现会计信息化后，为保证系统正常工作，应建立会计信息化操作管理制度，主要内容有：①明确规定上机操作人员对会计软件的操作内容和权限，要严格管理操作密码，指定专人定期更换密码，杜绝未经授权的人员操作会计软件；②预防已输入计算机的原始凭证和记账凭证等会计数据未经审核却登记在计算机内部的账簿中；③操作人员离开机房前，应执行相应命令退出会计软件；④根据本单位实际情况，记录操作人员名字、操作时间、操作内容、故障情况等内容，由专人保存上机操作记录。

三、计算机硬软件和数据管理制度

会计信息系统的维护包括计算机硬件维护、软件维护和数据维护。为规范系统维护工作，应建立计算机硬软件和数据管理制度，主要内容有：①保证机房设备安全和计算机正常运行，要经常对有关设备进行保养，保持机房和设备的整洁，防止意外事故的发生。②确保会计数据和会计软件的安全，防止对数据和软件的非法修改，要按规定保存多个用计算机存储介质存放数据的备份。③对正在使用的会计核算软件的修改、对通用会计软件的升级和对计算机硬件设备的更换等工作，要有一定的审批手续；在软件修改、升级和硬件更换过程中，要保证实际会计数据的安全，要有特定人员的监督。④健全计算机硬件和软件出现故障时进行排除的管理措施，保证会计数据的完整性。⑤健全必要的防治计算机病毒的措施。

四、信息化会计档案管理制度

信息化会计档案管理是重要的会计基础工作，相关单位应建立信息化会计档案管理制度。信息化会计档案的内容包括存储在计算机硬盘中的会计数据、以其他存储介质存储的会计数据和计算机打印出来的以书面形式存在的会计数据。会计数据是指记账凭证、会计账簿、会计报表（包括报表格式和计算公式）等数据。相关单位要严格按照财政部的有关规定对会计档案进行管理，做好防磁、防火、防潮和防尘工作。重要的会计档案应准备双份，存放在不同的地点。采用磁性介质保存的会计档案，要定期进行检查和复制，防止由于磁性介质损坏而使会计档案被破坏。通用会计软件、定点开发会计软件、通用与定点开发相结合的会计软件的全套文档资料以及会计软件程序，应同会计档案一起保管，保管期截止到该软件停止使用或有重大更改的五年之后。

第二章 财务管理与信息技术

第一节 财务管理和大数据

如果问智能时代是从何时到来的，那么大数据应当算作一个重要的起点。笔者对大数据的理解是从两本书开始的，一本是维克托·迈尔-舍恩伯格和肯尼思·库克耶的《大数据时代》，这本书将人们带入了一场思维革命；另一本是涂子沛的《大数据》，这本书讲述了美国的信息开放、技术创新的历史，从另一个角度点燃了人们对大数据社会化认知的热情。

时至今日，当人们再说起大数据的时候，每个人或多或少都有一些认识，而在各行各业的商业活动中，大数据也成为重要的支持工具。尽管如此，财务作为一个以运用数字作为看家本领的专业，对大数据的认知仍然不够深刻，对大数据技术的实践也有不足。重新认识大数据、挖掘财务在其中的应用场景仍然是一件重要且紧迫的事情。分析财务管理和大数据应该从以下五个方面着手：

一、大数据的含义

从理论上来说，大数据是指无法在一定时间范围内用常规软件工具进行捕捉、管理和处理的数据集合，是需要运用新处理模式才能具有更强的决策力、洞察发现力和流程优化能力的海量、高增长率和多样化的信息资产。在思维上，大数据带来了"更多""更杂"和"更好"三个理念："更多"说明大数据不是随机样本，而是全体数据。早期的计算机处理能力并不强，并没有条件去进行大量的运算，很多时候只能通过抽样的方式选择性处理，再通过样本来推断总体情况。虽然统计学的发展为抽样模式提供了支持，但当有条件的时候，直接进行总体分析显然是好于样本推断的。因此，大数据在具备技术条件后，第一时间便使用总体替代样本。"更杂"讲的不是精确性，而是混杂性。这里所说的"精确"重点在于结构化数据，结构化数据是指可以用二维表结构表现的数据，严格地遵循数据格式与长度规范。非结构化数据就是所谓的"混杂"，是指数据结构不规则或不完整、没有预定义的数据模型、不方便使用数据库二维表来表现的数据，包括所有格式的办公文档、图片等。财务最常接触的原始凭证属于哪一类，不能一概而论，而要看那些原始凭证能否用一定的结构规则来表达。比如增值税发票，它上面每个位置的数字都是有固定含义的，它可以转换为二维数据，从这个意义上讲，它是结构化数据；而合同大多是非结构化数据。精确的结构化数据在所有数据中所占比例是很小的，而大量的数据都是非结构化的，如果无法处理非结构化数据，就无法谈论大数据的"大"。"更好"表明大数据关注的不是因果关系，而是相关关系。大数据讲究实用主义，追求数据之间的相关性，通过相关性来建立模型、寻找规律。

二、大数据的特征

大数据除了具有典型的 4V 特征（Volume、Variety、Value、Velocity），即体量巨大、类型繁多、价值密度低、处理速度快，还具有采集手段智能化、预测分析精准化等特点。

（一）数据体量巨大

大数据最显著的特征就是数据量巨大，一般关系型数据库处理的数据量在 TB 级，而大数据处理的数据量通常在 PB 级以上。随着信息化技术的高速发展，数据呈现爆发性增长的趋势。导致数据规模激增的原因主要包括以下几个：

第一，随着互联网的广泛应用，使用网络的人、企业、机构增多，数据获取、分享变得相对容易；第二，各种传感器数据获取能力的大幅度提高，使得人们获取的数据越来越接近原始事物本身，描述同一事物的数据量激增；第三，数据来源广泛，社交网络（如微博等）、移动设备、车载设备等都成为数据的来源。

（二）数据类型繁多

大数据所处理的计算机数据早已不是单一的文本或者结构化数据库中的表，它包括订单、日志、微博、音频、视频等各种结构复杂的数据。以最常见的 Word 文档为例，最简单的 Word 文档可能只有几行文字，但也可以混合编辑图片、音乐等内容，成为一份多媒体的文件，增强文章的感染力，这类数据属于非结构化数据。与之相对应的另一类数据，就是结构化数据。结构化数据可以简单地理解成在表格里的数据，每一条都和另外一条的结构相同。与传统的结构化数据相比，大数据环境下存储在数据库中的结构化数据仅占约 20%，而互联网上的数据，如用户创造的数据、社交网络中人与人交互的数据、物联网中的物理感知数据等动态变化的非结构化数据约占 80%。数据类型繁多、复杂多变是大数据的重要特性。

（三）数据价值密度低

大数据中有价值的数据很少，大数据的价值性体现在从大量不相关的各种类型的数据中，挖掘出对未来趋势与模式预测分析有价值的数据。数据价值密度低是非结构化数据的重要属性。大数据为了获取事物的全部细节，不对事物进行抽象、归纳等处理，直接采用原始数据，保留了数据的原貌。这使得人们可以分析更多的信息，但也引入了大量没有意义的信息，甚至是错误的信息，因此相对于特定的应用，非结构化数据的价值密度偏低。以当前广泛应用的监控为例，在连续不间断的监控过程中，视频数据都被存储了下来，但大部分数据可能是无用的。

有效的信息相对于数据整体是偏少的，信息有效与否也是相对的，一些信息可能对某些应用来说是无效的，但对另外一些应用来说则是关键的，数据的价值也是相对的。

（四）数据处理速度快

处理速度快是对数据处理的实时性要求高，支持交互式、准实时的数据分析。传统的数据仓库、商业智能等应用对处理的时间要求不高。但在大数据时代，数据价值随着时间的流逝而逐步降低，因此大数据对处理数据的响应速度有更严格的要求：实时分析而非批量分析，数据输入处理与丢弃要立刻见效，几乎无延迟。数据呈现爆炸式快速增长，新数据不断涌现，这要求处理数据的速度有所提升，从而使大量的数据得到有效的利用，否则不断激增的数据不但不能为解决问题带来优势，反而成了快速解决问题的负担。数据的增长速度和处理速度是大数据高速性的重要体现。

（五）数据采集手段智能化

大数据的采集往往通过传感器、条码、射频识别技术、全球定位系统、地理信息系统等智能信息捕捉技术，这体现了大数据采集手段智能化的特点，与传统的人工搜集数据相比，大数据的采集更加快速，获取的数据更加完整、真实。智能采集技术使人们可以实时、方便、准确地捕捉且及时有效地进行信息传递，这将直接影响整个系统运作的效率。

（六）数据预测分析精准化

预测分析精准化是大数据的重要特征之一。人们可以通过智能数据采集手段获得与事物相关的所有数据，包括文字、数据、图片、视频等类型多样的数据。利用大数据相关技术对数据进行预测分析，可以得到精准的预测结果，从而对事物的发展情况作出准确的判断，以此获得更大的价值。

三、财务对大数据的错误理解

（一）将传统财务分析强行定义为大数据

一些企业的财务人员在接触到大数据这个概念后异常兴奋，似乎全部都成了大数据专家，认为他们从事的传统财务分析工作是大数据应用的典范。这是一个典型的"概念炒作型"认知错误。

大数据的特征和传统的财务分析工作特征显然是不同的。传统的财务分析更多的是在有限的结构化数据基础上基于因果关系的分析，如果把原来做的工作强行地定义为大数据，则说明对大数据的理解还是不够深入的。当然，这里也不乏一些企业在进行迎合性的过度炒作。

（二）认为使用 Hadoop 等大数据技术架构就是实现了大数据

受制于对大数据认知的不足，一些企业的财务人员在接触大数据这个概念后，开始有所动作，但他们认为大数据是一个纯粹的技术问题，以为只要使用了大数据的技术架构，将原先的财务数据和业务处理进行技术迁移，就能实现大数据的价值。Hadoop等大数据技术架构只是工具，它们能够帮助财务人员在找到大数据的应用场景后，更好地实现这些场景，而不是创造场景。

（三）认为依靠现有财务管理模式下的数据就可以做大数据

一些企业的财务人员对大数据的数据基础估计不足。不少人认为，只要能把现有的财务数据，比如会计核算数据、预算数据、经营分析数据、管理会计数据充分利用起来就能够实现大数据的价值。

如果财务要走上大数据的道路，那么这些现有的数据也是非常重要的，也应当被优先充分利用起来。但是财务人员必须意识到，这些数据基本上是以结构化数据为主的，并且局限在企业内部。如果想充分发挥大数据的优势，获得超出其他企业的竞争优势，就不应当局限于此，而应当充分纳入企业内部的非结构化数据，以及社会化数据，通过更为广义的数据基础来进行财务数据应用，从而实现预期的价值产出。

四、财务实现大数据应用的条件基础

财务要实现大数据应用，就需要设法夯实相应的条件基础。

（一）技术的基础

虽然大数据并不仅仅是技术的事情，但不得不承认，没有技术是万万不行的。虽然Hadoop已经确立了其作为大数据生态系统基石的地位，但市场上依然有不少Hadoop的竞争者，一些新的产品也在不断涌现。

（二）人力的基础

大数据的应用，在技术背后还增加了对人力的新需求。一方面，对高水平的数据分析师的需求有所增加；另一方面，对基础数据处理人力的需求也有所增加。对于高水平的数据分析师，企业既可以通过鼓励现有的财务分析人员提升转型获得，也可以进行有针对性的人才招募。而在基础数据处理人力方面，数据工厂被提上议程，基于财务共享服务模式的数据中心可能是解决日常数据管理的核心力量。

五、大数据在财务领域的应用

（一）依靠大数据提升财务的风险管控能力

在风险管控方面，大数据与传统风险管理模式相比，有更高的应用价值，这种价值体现在大数据能够看见传统风险管理模式看不见的风险。其实，在金融业务领域，已经有很多利用大数据进行风险管控的案例；而在财务领域，人们希望能利用大数据来实现一些相对模糊但是有控制价值的风险发现，以及能够进行财务风险事项的分级。

1.风险发现

大数据通过纳入非结构化数据和进行相关性分析，能够发现一些风险事件的可能特征，并根据这些特征进行潜在风险线索的事前预警或事后警示。在这种应用场景下，不需要大数据告诉人们哪里一定有问题，只需要提示哪里可能有问题就足够了。而这种提示本身并不存在必然的因果关系，仅是大数据在进行相关性分析后的产物。

2.财务风险事项的分级

这里的风险事项可能是一份报销单据，也可能是一次信用评价。只要分析对象需要进行风险分级，都可以考虑使用大数据技术。企业可以针对分级后的风险事项采用不同程度的应对策略，从而做到高风险事项严格控制，低风险事项低成本应对处理。

（二）依靠大数据提升预算中的预测和资源配置能力

在预算管理循环中，非常重要的两件事情就是根据历史和现状，综合企业自身、行业和竞争对手三个维度，对未来进行预测，以及对资源进行有效的投放。而大数据恰恰可以在预测和资源配置这两个方面发挥其自身优势，带来传统预算管理难以实现的应用价值。

第一，预测能力的提升。传统的财务预测主要是利用结构化数据，构建预测模型，对未来的财务结果进行预测。而使用大数据技术时，预测的数据基础可以扩大到非结构化数据上，市场上的新闻、事件、评论等都可以成为预测的数据基础。特别是在引入大数据后，预测模型中的假设很可能发生意想不到的变化，这使得预测具有更高的可用性。

第二，资源配置能力的提升。在传统模式下，编制预算进行资源配置时，财务人员的决定往往受业务部门的影响。而大数据的出现，能够让财务人员形成一定的判断能力。例如，财务人员可以基于大数据对相关产品的市场热点、竞争对手的动态进行分析，将这些分析结果与产品部门的说法进行印证，对于是否该继续加大产品投入或者是否该改变产品的设计方向都有可能形成不一样的判断和结论。

（三）依靠大数据提升经营分析的决策支持能力

经营分析的核心在于设定目标，进行管理目标的考核，并对考核结果展开深度分析，以帮助业务部门进一步优化经营行为，从而获得更好的绩效结果。在这样的一个循环中，数据贯穿其中并发挥着重要的价值。传统的经营分析模式往往面临数据量不足、依赖结构化数据、关注因果关系等问题。大数据技术有助于提高经营分析的决策支持能力。

在传统方式下，企业主要是通过分析自身历史数据、行业数据及竞争对手数据，并结合自身战略来设定经营目标的。因此，目标是否合理在很大程度上依赖于参照系数据的可用性。大数据能够将整个社会、商业环境都转化为企业的竞情分析基础，帮助企业更好地认清自身情况，更加客观地看清行业情况和竞争态势。在这种情况下，目标的设定将更为客观、合理。而在事后对目标达成情况的分析上，和传统财务模式相比，大数据基于其对相关性的挖掘，能够找到更多靠传统财务思维无法分析的目标结果的相关动因。而针对这些新发现的动因，有可能帮助业务部门获得更加有效的建议。

大数据和财务的结合将具有承上启下的重要意义：面对过去，能够更好地解决财务的遗留问题；面向未来，能够为人工智能和机器学习奠定基础。

第二节　财务管理和云计算

在讲到智能时代改变财务的核心技术的时候，不得不谈到云计算的概念。云计算在智能化技术体系中就如同电力系统，能够为其他技术的应用提供充足的算力支持。

云计算并不是一个简单的概念，它一直存在多种形态。但市场上很多厂商的产品往往只针对其中一两个领域，所以这些厂商在宣传云计算的时候，往往会站在自身产品的立场，将公众对云计算概念的理解向对自身有利的方向引导。这为人们理解云计算的概念造成了困扰。

一、云计算的含义、模式及其与财务的关系

（一）云计算的含义及模式

美国国家标准与技术研究院认为：云计算是一种按使用量付费的模式，这种模式可以提供可用的、便捷的、按需的网络访问，进入可配置的计算资源共享池（资源包括网络、服务器、存储、应用软件、服务）后，这些资源能够被快速地提供，但只需投入很少的管理工作，或与服务供应商进行很少的交互。

一般而言，云计算的模式主要包括三种：基础设施即服务，平台即服务，软件即服务。基础设施即服务是云架构下的硬件，比如网络、服务器等物理架构；平台即服务是云架构下的开发平台、数据库平台等；软件即服务是提供给客户在云架构下使用的软件应用，比如业务人员直接操作的 Oracle 系统。此外，还有一种基于人员形态的云计算模式—人力资源即服务。

（二）云计算和财务的关系

1.基础设施即服务和财务

如果只使用基础设施即服务的云计算模式，那么在前台的财务人员是感受不到的。因为这是一个物理架构的概念，企业可能使用的还是和原先本地部署的软件系统一样的系统服务，只是这些软件系统并不是部署在企业独有的服务器上，而是放在如电信云、阿里云或腾讯云之类的公共基础设施平台上，这种模式可以有效降低企业硬件的投入成本。由于硬件是一种云集群的模式，在这个云集群里的系统算力可以被均衡使用，这就有可能进一步提升系统性能。国内某个大型建筑央企就是把其财务系统搭建在电信云上，借助这种模式支持其数十万企业员工的财务应用。

2.平台即服务和财务

如果使用的是平台即服务模式，那么财务人员同样是感受不到的，但开发人员就不

一样了，他们不再使用本地的开发工具和企业内部的数据库，而是租用一个云端开发平台。例如，开发人员在阿里云上注册一个账号后，就能够看到阿里云中可以付费使用的开发工具，甚至可以部署机器学习的开发环境。对于规模不大的企业，特别是没有资金来搭建大型复杂开发环境的企业，其使用平台的成本较低，而且能随时使用最新的平台技术。在平台即服务模式下，开发平台成为即租即用的服务。

3.软件即服务和财务

与财务人员最密切相关的就是软件即服务模式。"软件即服务"是直译过来的说法，换句话说，就是财务的应用系统并没有建在企业里，而是放在互联网上的云平台中。用户访问财务系统，就如同访问百度网页一样，从企业内部穿透到互联网上的某个系统里。特别要注意的是，互联网上的财务系统并不是某一个企业独享的，而是很多企业共同使用的，只是在权限和数据上进行了隔离。

4.财务共享即服务和财务

云计算有五个特征：资源池、按需自助服务、快速伸缩、广泛的网络访问和按使用量收费。对照这五个特征，共享服务中心把人当成资源池；业务部门提单就是按需自助服务；业务比较多的时候，工作人员需要加班，业务比较少的时候，财务共享服务中心会进行培训和调休，这属于快速伸缩；各地分支机构向财务共享服务中心寻求集中服务，这属于广泛的网络访问；财务共享服务中心按件计价，这属于按使用量收费。与这五个特征完全匹配的财务共享服务中心被称为云服务中心。

二、财务实现与云计算的场景融合

对于企业财务来说，要实现云计算在财务中的应用就需要挖掘相关的应用场景。我们可以看到三种场景，包括采用基础设施即服务模式构建财务系统架构、使用基于软件即服务模式的财务应用系统和以软件即服务或财务共享即服务模式提供对外服务。下面分别分析如何实现这些场景的融合。

（一）采用基础设施即服务模式构建财务系统架构

在大型企业中，如果使用本地部署模式来构建信息系统架构，就会使得 IT 架构越来越重，信息化成本逐年提升，从基础架构到开发、维护，每个环节都有大量的成本投入。对于国内进入世界五百强的大部分企业来说，每年都会产生高昂的财务信息化开支。而财务作为这些系统的重要业务应用者，是成本的直接承担者，最终会通过定价收费或者分摊的方式将这些成本进一步转嫁给服务对象。而在服务对象对收费越来越敏感的今天，控制成本、降低定价成为很多企业财务共同的压力。将财务系统架构于基础设施即服务模式之上，能够以较低的成本来实现基础架构的部署，能够以"轻"IT的方式来实现财务信息系统的建设。

（二）使用基于软件即服务模式的财务应用系统

软件即服务是在云计算中最容易被理解，也最常被应用的一种模式，财务人员更是软件及服务模式的直接使用者。在这种模式下，财务并不能构建自己企业内部的独有财务信息系统，而要选择租用第三方云服务产品。这种第三方产品的提供商需要对财务业务流程有深刻的理解，在设计产品时能够充分考虑到不同企业的差异化需求，并通过灵活的后台管理功能实现快速配置部署。企业财务选择此类云服务产品的前提是，它能通过整体的信息化战略和信息安全评估。

目前，国内的一些产品厂商在尝试推出云服务产品，服务对象以中小型企业为主。

（三）以软件即服务或财务共享即服务模式提供对外服务

一些企业财务会尝试进行对外能力输出。这种能力输出有两种形态：

一种形态是将自身的管理经营转换成系统产品，并将产品面向社会提供服务输出。在这种情况下，输出方可以考虑采用软件即服务的方式架构自身的产品，让用户通过租用的方式来使用产品，从而获得输出方所积累的管理经验。

另一种形态是财务共享服务中心对外输出，也可以简单理解成财务外包。在这种情况下，所提供的是基于财务共享即服务模式的对外服务。目前，代理记账市场也在向这种模式靠拢，一些目光长远的代理记账服务商已经在使用共享服务的管理模式，向大量的中小客户提供服务。

但这里需要特别强调的是，云服务产品的开发本身就是一个高复杂性和高成本的事项。由于云服务系统需要满足用户的差异化需求，对其产品设计的可配置性和灵活性要求都非常高。在技术上，不仅要满足大并发的需求，还要对产品的性能提出较高的要求。同时，云服务产品还需要满足多操作平台、多浏览器兼容的需求，如果涉及移动端，对差异化移动平台的兼容则更加复杂。这些都会带来产品研发的高成本投入。

企业财务在考虑使用云计算提供软件即服务模式系统的时候，需要考虑未来自身规模和发展能力，如果在经营上无法取得很好的投入产出结果，则应当慎重投资云服务产品。

第三节　财务管理和人工智能

一、重要的关系和基础概念

首先，我们需要搞清楚一些重要的关系和基础概念，比如机器学习与人工智能的关系、监督学习与无监督学习的概念等。只有明确这些关系和概念，才有可能进一步理解为什么人工智能可以在财务管理中发挥作用并创造价值。

（一）机器学习与人工智能的关系

之所以要谈机器学习与人工智能的关系，是因为在现阶段，机器学习是人工智能的一个非常重要的分支。如果在谈人工智能时没有清晰地理解机器学习这个概念，就无法理解后面很多的应用场景，甚至出现理解偏差。机器学习是科学家亚瑟·塞缪尔在 1952 年提出的，他将其定义为"可以提供计算机能力而无须显式编程的研究领域"。这一定义比较拗口，往往使人们搞不清楚机器学习到底在学什么。下面将通过具体的例子进行分析。

计算机处理事情的原理如下：在输入含有特征描述的信息后，计算机通过"算法"对这些输入的信息进行处理，并最终得到结果。如果这些结果回答了"是什么"，那么我们就把答案叫作"标签"。比如，可以将发票理解成一个输入项，而"增值税""发票编号""发票联次""销方名称""购方名称""日期""金额"等，这些财务关注的重要信息都是"特征"。其实对于计算机来说还有很多特征，比如发票的形状、尺寸、颜色等。在这里，我们可以假设计算机最终要回答的问题是"这是一张增值税发票的抵扣联吗？"那么答案"是"或者"不是"就是标签，而用来进行判断"是"或者"不是"的规则就是算法，这个算法往往和标签有着密切的关系。比如这样一个算法：具备"增值税"和"抵扣联"两个特征的发票＝标签"是"。

通俗地说，机器学习学的就是如何改进"算法"，旨在通过算法让机器从大量历史数据中学习规律，自动发现模式并用于预测。还是用上面的算法，计算机通过学习，优化了该算法，并获得了第三个特征"绿颜色"，即具备"增值税""抵扣联""绿颜色"三个特征的发票＝标签"是"。

人工智能的概念比较大，从字面上来说，只要能够让一个非人类的事物变得像人类，并有人类一样的智慧，就可以将其称作人工智能。比如《西部世界》里面的智人已经脱离了计算机的概念，和生物技术有了高度的融合，甚至有自己的记忆、感情。所以，机器学习是现阶段最适合财务人员接触的人工智能领域。

（二）监督学习与无监督学习

有人仅从字面上理解监督学习，认为是妈妈看着孩子做作业的那种监督学习。在这里，监督学习的含义是让计算机做训练题，这些训练题是清晰的，即有"特征"，最重要的是会给计算机这些训练题的答案，即"标签"。在这种情况下，计算机通过做这些训练题，不断地进行学习，来优化解题的方法，即"算法"。当计算机经过充分训练后，我们再给出一个没有答案的题目，计算机也能回答出正确答案，这就达到了我们的目的。所以监督的本质是给出训练题的答案，而不是拿着教鞭站在边上说教。需要注意的是，算法在监督学习下是已经预先设定存在的，人们可以针对不同类型的问题选择不同的算法。对于计算机来说，学习是对算法进行训练的过程，而不是创造算法的过程。人们需要对训练后的执行结果进行测试，并根据对测试结果的满意程度进一步修正算法。因此，监督学习非常适合解决预测答案一类的问题。

无监督学习也是让计算机做训练题，但是人们不给它答案。所有的训练题都只有"特征"，没有"标签"。计算机把那些具有相近"特征"的训练题分别归类，不管它们到底是什么。当人们再给它一个题目时，计算机就能根据自己总结的规律，把这个题目自动归到某个类别里，这个就叫作"聚类"，也是无监督学习非常重要的价值产物。在这个过程中，计算机用到了解决聚类问题的算法，分类的结果也可以通过一些方式来检验，如果结果不理想，则可以回头修正算法，并再次进行聚类和测试。无监督学习适合用来解决分类的问题。

无论是监督学习还是无监督学习都有其相应的算法。在监督学习下，人们可以训练、测试算法；而在无监督学习下，由于目标"标签"不存在，就不用训练算法，只需要测试算法。需要注意的是，在这两种情况下，算法都是可以改进的。监督学习的常用算法有 K 近邻算法、线性回归算法、局部加权线性回归算法、朴素贝叶斯算法、支持向量机算法、决策树算法等。无监督学习的常用算法有 K 均值算法、最大期望值算法、DBSCAN 算法等。

二、国内财务的人工智能应用水平

（一）大多数企业还在互联网和移动互联时代徘徊

国内大多数企业的财务还没有进入人工智能阶段，更多的是在互联网和移动互联网阶段徘徊。目前，国内费用控制产品的生意还在如火如荼地进行，这意味着大多数企业的温饱需求还没有得到完全满足。当然，一些刚刚解决温饱问题的企业已经在进一步考虑使用移动应用来进一步提升其网络财务的友好性和便利性。

（二）部分企业在大数据方面有所应用

部分企业在人工智能的前置技术环节——大数据上有所应用。从某种意义上说，这些企业为进一步迈入人工智能阶段做了准备。当然，有条件做这件事情的企业并不是很多，因为至少要有支持大数据的技术架构。这些企业大数据的主要应用场景聚焦在经营分析、管理会计、全面预算等方面。

（三）少数企业已实现基于人工经验规则的初级人工智能应用

少数企业已经走上了人工智能之路的初级阶段。人们已经把解题的准确方法告诉给机器，并且不用机器去学习优化，机器可以拿这些特征去套内置的方法：如果套进去有与预期一致的结果，就通过审核；如果套不进去，或者结果与预期不一致，就要交给人工处理。我们把这种模式称为基于人工经验规则的初级人工智能应用。如果规则足够丰富，就能够相当显著地节约人力成本。所以，在未来的一两年内，这可能是国内主流的"财务准人工智能"解决方案。

三、财务应用机器学习的人工智能场景

（一）基于机器学习的智能共享作业

在基于人工经验规则进行处理的初级人工智能应用阶段，受益最大的就是各类财务共享服务中心。机器能够实现对传统人力的替代，使得人均产能得以大幅度提升。但在这种模式下，最大的难题就是对经验规则的梳理。财务人员虽然是基于相对标准化的作业手册作业的，但要把作业手册上的内容翻译成机器可以理解的规则，难度比较大。因此，采用这种模式到了一定阶段后，就会遇到瓶颈，提升自动化率就会比较困难。

在机器学习模式下，计算机可以通过完成大量带有人工判断结果"标签"的训练来优化现有的规则，补充更多靠人难以解读的规则，同时也可以结合大量的外部数据进行辅助学习。比如，通过对市场上经常开具假发票案例的学习，补充人的逻辑难以解读的假发票黑名单供应商规则。通过机器学习，现有的规则作业能够在真正意义上转变成智能作业，并实现对产能的进一步释放和提升。

（二）基于经验规则的智能会计与机器学习的智能报告

基于经验规则，我们在很多企业的业务与财务衔接中都能够看到会计引擎的存在，即基于会计准则的规则化实现自动的会计作业处理。这种场景也可以引入机器学习，机器学习也确实能够完善现有的规则库。但会计作业和审核作业有所不同，其本身就是建立在高度标准化的规则基础上的，应进一步依靠人的经验来拆解规则、深化应用。

另一种相关应用场景——智能报告，则有所不同。智能报告的应用逻辑和新闻出版、投资研究领域的智能编辑应用更为相似。报告中的固化结构可以用规则形成，报告中讲故事的部分可以使用机器学习的方式，通过大量的训练题让机器编写满足投资人需要的报告。

（三）基于机器学习的智能风控

智能风控是重要的机器学习应用领域之一。实际上，智能风控在财务领域早已有更为广泛的应用，如在防范欺诈的领域已经有非常多的成功案例。财务可以使用同样的逻辑来进行智能风控。在这种模式下，通过机器学习，计算机能够不断地完善算法，从而对所有进入财务流程的单据进行风险分级,并针对不同的风险等级设置相匹配的业务流程。同时,基于监督学习、无监督学习的各种算法去发现风险线索。在智能风控模式下,我们希望计算机能够更加精准地命中疑似风险案件,并非绝对拦截。

(四)基于机器学习的其他智能财务管理场景

上面提到的三种场景更多的是从偏重财务运营流程和操作风险的角度去谈机器学习下的智能财务应用的。实际上,在非运营的财务业务中,同样可以找到非常多的可能应用场景,如基于机器学习的经营分析、基于机器学习的资源配置等。

第四节 财务管理和区块链

谈到智能时代影响财务的新信息技术,就不得不提到区块链。在大数据、云计算、人工智能和区块链这四个概念中,区块链这个概念最难讲清楚,应用场景也最难预测。

2008 年,区块链的概念在中本聪的论文《比特币:一种点对点的电子现金系统》中首次被提出,比特币的技术架构就是基于区块链的思路构建的。因此,区块链从产生开始就有了比特币的烙印。从技术角度来说,区块链确实有其独到的价值,并且也有可能带来基于特定场景能够改变社会生活方式的应用。所以,深入了解区块链还是有必要的。

一、区块链的含义和特征

笔者需要借用一个关于微信接龙和区块链的创意故事,并融入笔者的理解和再设计,来帮助大家理解区块链的含义。在谈到区块链概念的时候,人们经常会认为这是一种公共记账机制,或者分布式记账。但具体理解起来,还是有很大难度的。而"微信接龙"恰好能很好地诠释这个概念。在笔者的公司里,中午有一个饭团,大家可以向管理员报名，然后管理员根据人数安排午餐。在早期的时候，大家都是通过发送邮件向饭团管理员报名的，这种报名方式可以理解为管理员就是一个处于中心位置的账本，每个人发送邮件报名都是一个记账的过程。

这种记账方式存在一些问题，例如：作为中央的账本，饭团管理员不能休息，不能出错，更不能把账本弄丢；记账的结果是由饭团管理员决定的，账本只有一个，往往只能以记账结果为准；各报名人之间的信息是隔离的，也就是说，除了饭团管理员，其他人都不知道还有谁在账本上记账。当然，对于一个饭局来说，这些可能不会产生十分严重的后果，但如果涉及资金处理、权益分配之类的大事，以上问题的弊端就显而易见了。

后来，这个饭团进行了一个升级，一种基于微信接龙的新饭团报名方式出现了。首先，饭团管理员创建了一个群，群名为"微信接龙小饭团"。每天上午10点钟左右，有人迈出了第一步，在群里敲下了"1.韩梅梅"，这个时候，微信群里的所有人都看到了这条信息。紧接着，群里出现了第二条信息"1.韩梅梅＋2.李雷"，随后报名人数继续增多，"1.韩梅梅＋2.李雷＋……＋18.董师傅"，直到报名结束。区块链的特征在上述微信接龙的例子中都有体现，下面进行详细分析。

（一）链式结构

区块链是基于链式结构运转的，其名字里就有一个"链"字。在上面报名的例子里，早期的记账过程有点像是填空式的，每个人报名都在账本上占一个位置，并没有一个强烈的先后关系或者链式关系。而在微信接龙模式下，第二个人报名的时候，一定是在第一个人报名之后的，编码顺序也从"1"变为"1＋2"的模式。这就强制性地构建了一个链式结构。

（二）共识机制

在微信接龙的方式下，饭团管理员一开始就设定了规矩：回复内容＝上一回复内容＋下一序号＋自己的名字。对于这个规则，群里所有人达成共识，都会自觉地按照这个规则来进行报名。当然，一旦有人填写错误，这条错误的记录就会被群里所有人默认为 失效，并且立刻会有人按照正确的规则来填补空位。而如果出现重复使用一个序列号的情况，由于服务器上的时间先后是客观的，群成员就会将群里先发出来的消息作为有效信息，对后发出来的信息进行失效处理。这样一套共识机制，与区块链的原理也是暗合的。

（三）去中心化

区块链有一个很重要的特征，即去中心化。在没有使用微信接龙时，报名方式是以饭团管理员为中心的，他是整个饭团记账体系的核心。但采用微信接龙的方式后，整个报名过程没有一个人能够站在中心位置来修改、屏蔽信息。

（四）点对点对等网络

在微信接龙模式下，我们构建了一个由各参与者共同组成的点对点的网络。在整个网络中，所有人是平等的，这大大加强了整个记账过程的安全性和公平性。

（五）分布式和高冗余

在原来的报名方式下，账本是唯一的，数据集中在饭团管理员的服务器中。而在微信接龙模式下，微信群里的任何一个成员手上都有了一个账本，可以清晰地看到报名从1号开始直到结束的完整的记账过程。这体现了分布式的概念。需要注意的是，反复记账会造成高冗余的问题。但是对于重要的交易来说，这一点数据冗余的代价在当今大数据时代是可以被接受的。

（六）共享账簿

如刚才所谈到的，微信群里的成员每个人手上都有一个账簿，这个账簿是共享的，任何一个人都没有能力篡改它，除非能够同时修改所有人手上的账簿备份。上面通过微信接龙的故事解释了区块链的特征，通过对这几个特征的总结、提炼，就不难理解区块链的定义了。

2017 年，董莉在《区块链：诗不在远方》一文中谈道："区块链是一种公共记账的机制，通过建立一组互联网上的公共账本，由网络中所有用户共同在账本上记账与核账，来保证信息的真实性和不可篡改性。区块链存储数据的结构是由网络上一个个存储区块组成的链条，每个区块中包含了一定时间内网络中全部的信息交流数据。"

二、区块链与财务管理

从区块链的特征来看，涉及多方信任的场景是非常适合使用区块链来解决的。它的去中心化、点对点对等网络、共享账簿等特征都能够对多方交易进行增信，从而改变当前的业务模型。从这个角度来说，笔者认为可以从以下五个方面来设计区块链在财务领域的应用场景。

（一）跨境清结算

从目前国内的清结算交易来看，清结算面临的问题并不严重，反而是在跨境清结算交易的过程中面临较大的压力。在跨境付款过程中，非常重要的是环球银行金融电信协会组织。它通过一套基于 SWIFT Code 的代码体系，将各个国家的银行构建为网络，并实现跨境的转 账支付交易。对于这套体系来说，高昂的手续费和漫长的转账周期是其极大的痛点。而 对于在整个交易过程中处于中心地位的 SWIFT 来说，改变自身的动力并不强。但区块 链技术的出现为打破这种基于中心组织的清结算体制壁垒带来了可能。去中心化的区块 链交易有可能使得全球用户能够基于更低的费用，以更快的速度完成跨境转账。实际上， 很多银行和区块链创新组织已经在积极展开相关的技术尝试，这也驱动 SWIFT 不得不作出自我改变，并在 2016 年年初启动实施基于区块链技术的全新技术路线图。

（二）智能合约

智能合约同样是一个涉及双方甚至多方信任的场景。当然，从单纯的合约概念来说，它并不是一个财务概念，而是企业之间进行商贸活动的契约。但是在区块链技术的支持下，合约的可信度得到很大的提升，并且基于电子数据完成合约的签订和承载后，合约背后的财务执行就可以更多地考虑自动化处理。智能合约这一概念是由密码学家和数字货币研究者尼克·萨博提出的，他认为"一个智能合约是一套以数字形式定义的承诺，包括合约参与方可以在上面执行这些承诺的协议"。简单地说，智能合约所有的触发条件都是可以用计算机代码编译的，当条件被触发时，合约由系统而非一个中介组织来自动执行。

在没有区块链的时候，智能合约依赖的中心系统难以得到合约双方的认可，而区块链的出现，使得这一同步于互联网提出的设想成为可能。而基于智能合约自动触发的财务结算、会计核算等处理都将极大地简化财务处理过程，并有力地支持智能财务的实现。

（三）关联交易

在财务领域，关联交易的处理一直是困扰财务人员的一个难题。关联交易各方的账簿都是由各自的属主管理的，使得关联交易发生后各方账簿进行记账和核对的工作异常复杂。与有一个中心的账簿不同，在关联交易模式下没有中心，也没有区块链下可靠的安全记账机制，这就使得很多时候关联交易核对出现问题。一些大型企业也试图在解决这样的问题，但在区块链出现之前，这些企业的探索方向是构建一个中心，让所有的关联交易方在这个中心完成交易登记，从而实现类似于银行清结算的对账机制。而区块链的出现，让人们可以探索另一条道路—通过区块链的去中心化特征和其可靠的安全机制来实现新的关联交易管理模式。

（四）业财一致性

另一个和关联交易有些类似的场景是长期困扰人们的业财一致性问题。如果说关联交易是法人与法人之间的交易，那么业财一致性要解决的就是业务账与财务账之间的关系。相比较来说，构建一套业财区块链账簿体系更加复杂。企业中的各个业务系统在建设的时候往往都是以满足业务发展为基本出发点的，多数的业务系统根本没有考虑对财务核算的影响，也正是这一点导致当下不少大型企业中的业财一致性成为难点。如果使用区块链技术来解决这一问题，就需要在业务系统和财务系统底层构建一套分布式账簿，并由此取代现在的业财会计引擎的模式。业务和财务都同步保留业务账和财务账，从根本上实现业财一致。当然，这个过程可能会造成海量的数据冗余，且技术实现也更为复杂。

（五）社会账簿和审计的消亡

最后要谈到的是一种终极场景：如果整个社会的商业行为完全基于区块链展开，财务就不再采用每个企业自行记账的模式了。每个企业都是区块链上的一个节点，企业与企业之间所发生的所有交易都通过区块链进行多账簿的链式记账，就会很难出现假账。

同时，高可靠性的全社会交易记载，对税务、财政等监管模式也会带来极大的影响，很可能使发票失去其存在的价值，并使监管审计、第三方审计都失去其存在的必要性，并最终导致审计的消亡。

第三章　财务会计信息化建设

第一节　财务管理信息化概述

一、财务管理信息化的内涵

　　财务管理信息化虽然是将信息技术引入传统财务管理模式，但是对其内涵的理解不能仅局限于此，单纯强调技术概念会将财务管理信息化的实践引入误区。财务管理信息化应该是"三分靠技术，七分靠管理"，财务管理信息化不仅是采用计算机等信息技术，更是再造企业流程，还是人力资源潜能得以充分调动的一个过程。财务管理信息化需要相应的组织保障，并且使财务管理的内容发生变化，人力资源的管理与开发成为越来越重要的内容，财务管理信息化也开始强调"人本"理念。

　　财务管理是企业管理的核心，财务管理信息化又是企业管理信息化的一个重要组成部分，因此我们可以参考企业信息化的定义，辅以财务管理的内容，以此来对财务管理信息化的内涵进行界定。中国信息经济学会理事长乌家培认为：企业信息化是指企业应用信息技术，开发利用信息资源，目的是在提高企业活动的效率和水平的基础上，最终增加企业的经济效益和增强企业的竞争力。根据企业信息化的一般定义、财务管理特殊的业务内容及财务信息化与传统财务模式的区别，可以给财务管理信息化下这样的定义：财务管理信息化是指财务人员利用现代技术，进行企业流程再造，建立与之相适应的财务组织模式，并调动财务人力资源的信息潜能，开发企业财务信息资源，提高财务活动效率，以此更好地组织企业财务活动，处理财务关系，从而实现企业利益相关者权益最大化的财务目标。

这个定义包含以下一些含义：

（一）现代信息技术是基础

现代信息技术是应用信息科学的原理与方法研究同信息有关的技术的统称，具体是指有关信息的产生、检测、变换、存储、传递、处理、显示、通信等技术。财务管理信息化必然要包含现代化信息技术，否则财务管理信息化将无从谈起。现代信息技术是构成财务管理信息化物质基础的一部分。

（二）将财务信息资源作为企业的重要战略资源

人类社会先后经历了农业经济时代、工业经济时代和信息经济时代。在农业经济时代，土地是经济活动的战略资源；在工业经济时代，资本是经济活动的战略资源；进入信息经济时代，信息成为经济活动的战略资源。由于财务管理是通过运营财务资金对价值运动及价值增值实施综合管理，而综合管理的主要手段是通过对各种反馈信息来进行的，因此财务信息资源成为企业的重要战略资源。建立财务管理信息化，就是为了充分挖掘企业的财务信息资源，利用其来提高企业的财务管理水平。

（三）以调动财务人力资源信息潜能为关键

在经济学家和管理学家的眼中，人先后被看作是经济人、社会人、复杂人。进入信息社会以后，在信息化企业中，人将成为信息人。信息人就是能够使用和维护先进的信息技术，对信息资源做出科学的判断，并实施创造性开发，利用信息增值的劳动人。财务管理过程中必须重视开发这种人力信息资源。财务管理信息化与传统财务管理模式的主要区别就是，前者采用"人本化"理念，实行开放式管理，充分发挥财务管理人员的自主性、积极性，激发其信息潜能，使其从被动管理转变成主动承担责任，从而使企业财务管理走向一个新的层次。

（四）相应的财务组织——学习型组织

财务管理信息化不是简单地采用先进的信息技术，更重要的是建立与之相适应的组织模式。国外管理学界近些年提出的"再造企业"就是彻底改造传统的企业组织以适应信息化社会的发展。美国麻省理工学院彼德•圣吉教授提出的"学习型组织"就是一种适应企业信息化的组织模式。这种组织模式，既注重个人潜能的挖掘，又强调团队精神的发挥，同时要求企业的每一个成员都要不断地学习，以适应不断变化的外部环境。

（五）利益相关者是服务对象

传统的财务管理目标是为了实现资本所有者的利益最大化。在进入信息化社会之后，根据知识经济的发展趋势和要求，本着对人力资本和知识资本的重视，这一现象有所改变。一方面，掌握了先进知识的所有者对企业的生存和发展起的作用越来越大，他们不再甘心只以企业雇员的身份存在，开始要求与资本所有者地位相同；另一方面，在信息化社会，掌握现代信息技术、能够对信息资源进行创造性开发的现代知识型人才对企业的控制力越来越大，为了充分调动其积极性，同时避免发生道德风险，必须提高其在企业中的地位和待遇，实行"人本化"管理，这样财务管理信息化的实施与发展才有保障。

二、财务管理信息化的特征

财务管理信息化是在特定的环境下产生的一种全新的财务管理方式，它具有自己的特点。

（一）实现物流、资金流、信息流同步产生

信息化财务管理在信息技术的支持下，采取经济业务事件驱动会计模式，由生产经营活动直接产生财务数据，保证生产经营活动与财务数据相一致。财务部门从系统中及时获取资金信息，通过资金流动状况反映物料流动和企业生产经营情况，实时分析企业的成本和利润，提供决策所需要的信息，从而实现物流、资金流、信息流同步产生。

（二）财务组织弹性化

财务管理组织不再是以前传统的垂直式组织结构，而是根据实际管理的需求，将管理中心下移，减少环节，降低成本，建立扁平化、网络化的财务组织，加强组织横向联系，使企业不仅上下流通无阻，横向交流也顺畅，从而达到及时反馈财务信息，这样有利于企业财务预测、财务决策、财务分析及财务控制。

（三）财务管理集成化

财务管理集成化是指在企业内部网络和信息系统的基础建设上，从科学、及时决策和最优控制的高度把信息作为战略资源加以开发和利用，并根据战略的需要把诸多现代科学管理方法和手段有机的集成，实现企业内部财务人员、资金、财务信息等的综合优化管理。

（四）财务管理人本化

在信息化社会中，企业内部和外部信息网的建立，大大降低了企业获取有形资源的信息成本，资金和其他生产资料相对丰富，不再是"稀缺"的了。与此同时，信息人才成为十分"稀缺"的资源，管理的重点也从物的管理转向人的管理，其本质是对信息人才的管理，特别是注重人力资源的开发，真正做到人尽其才。财务管理中采用"人本化"理念，更加具有"人情味"。

（五）财务资源扩大

在信息化时代，企业为了适应激烈的竞争，纷纷组成供应链，采取此种形式参与竞争。这些组成供应链的企业存在着密切的关系，因此在进行财务管理时，应该考虑到这个因素。财务管理的资源不能仅限于本企业，而应该站在供应链的角度进行财务决策。

（六）各相关系统分工模糊

在传统财务组织中，财务工作完全按照部门划分，各部门之间也经常发生摩擦。在20世纪80年代初期，我国会计理论界就会计和财务管理"谁包括谁"的问题进行过大量的讨论，持"大会计观"与"大财务观"的学者各持己见，争执不休。实施财务管理信息化后，在信息技术的支持下，业务流程重组使财务组织与会计组织之间的界限变得模糊，甚至可以跨越各自的界限，不再需要区分、界定会计和财务，它们统一在财务信息系统之中。

（七）财务管理由单一目标向多目标发展

在工业经济时代，企业财务管理的目标是"股东财富最大化"或"企业财富最大化"，这是由物质资本占主导地位的经济环境决定的。在信息化时代，企业资本结构发生了很大变化，物质资本的地位相对下降，而知识资本的地位相对上升，这使得财务管理的目标需要重新确定，既要考虑股东财富，又要关注股东以外的相关利益主体。自此，财务管理由单一目标向多目标发展。

三、财务管理信息化的内容

财务管理信息化的实现主要依靠若干个信息系统的集成。一般来说，财务管理信息化应该包括会计事务处理信息系统、财务管理信息系统、财务决策支持系统、财务经理信息系统和组织互连信息系统五个部分。其中，会计事务处理信息系统的作用是提供精确、及时的信息，提高财务工作效率和成功率；财务管理信息系统、财务决策支持系统和财务经理信息系统是从不同的角度、不同的层次解决财务管理中的计划、控制、决策等问题；组织互连信息系统是解决企业内部组织之间以及企业与关联企业之间的信息传输问题。这些系统的成功建立和相互之间的集成管理是财务管理信息化成功的体现，它们之间的关系密不可分。

（一）会计事务处理信息系统

当企业出现经济业务时，会计事务处理信息系统就会对其进行处理并将它存储到数据库中，财务管理的各个部门、各个员工都能以某种形式或方式对其进行访问。一个会计事务处理信息系统通常由多个功能不同的子系统组成。每个子系统通过组织互联系统完成特定的会计数据处理，提供特定部分的信息；各子系统之间互相传递信息，共同完成一个既定的系统目标。会计的基本职能是反应、监督，所以会计事务信息处理系统通常分为会计核算信息子系统、会计管理信息子系统。每个子系统可根据会计业务的范围继续分为若干个子系统或功能模块。

（二）财务管理信息系统

从财务管理的具体内容来看，财务管理中的部分问题属于结构化问题，它们具有固定的处理模式，并且有一定的规范性，针对这一类问题，可以建立财务管理信息系统来解决。财务管理信息系统是一种新型的人机财务管理系统，它以现代化计算机技术和信息处理技术为手段，以财务管理提供的模型为基本方法，以会计信息系统和其他企业管理系统提供的数据为主要依据，对企业财务管理的结构化问题进行自动或半自动的实时处理。财务管理信息系统的主要目标是概括发生的事情，并把人们引向存在的问题和机遇。例如，对产品库存的管理，财务管理信息系统可以提供显示哪些产品库存已降低到需要补充的日报表，以提醒财务人员采取订购更多产品的措施。

（三）财务决策支持系统

财务管理中的大部分问题属于半结构化或非结构化问题，都是事前难以准确预测的，且各种问题和解决问题的方法都是随环境变化而变化的，所以针对这些半结构化和非结构化的问题，需要建立财务决策支持系统。财务决策支持系统是一种非常灵活的交互式 IT 系统，它可以用来决策半结构化或非结构化的问题。一般来说，财务决策支持系统通过其良好的交互性，可以使财务人员进行一系列"what-if"分析，再运用不同的模型列举可能方案，协助分析问题，估计各种不确定方案的结果，预测未来状况，从而为企业决策者制定正确科学的经营决策提供帮助。

（四）财务经理信息系统

财务经理信息系统是一种将会计事务处理系统、财务管理信息系统、财务决策支持系统相结合的高度交互式信息系统，它能帮助财务经理识别并提出问题和机会。将辅助背景材料与现实情况相结合，企业的财务主管能够更加灵活、方便地从更多观察视角了解问题和机遇。通过财务经理信息系统，财务主管不仅可以充分利用企业数据仓库对其进行数据挖掘，还可以对财务报告的输出形式进行灵活选择，以提供更明确和更具深度的信息。

（五）组织互联信息系统

组织互联信息系统可以使企业的财务部门与其他部门、本企业与其他关联企业之间的财务信息自动流动，用以支持企业财务管理的计划、组织、控制、分析、预测、决策等各个环节，从而支持企业的管理与生产。

四、财务管理信息化对财务体系的影响

从不同的角度分析，财务管理内容有不同的表述。从资金运动过程分析，财务管理包括资金筹措、资金投放、资金营运和收入分配等；从管理环节分析，财务管理包括财务预测、财务决策、财务控制和财务分析等；从财务要素分析，财务管理的内容有资金、现金流量、证券和资本经营等。面对这些纷繁复杂的内容，财务人员只有在明确财务管理核心的基础上，才能在实际工作中把握重点，更好地组织财务活动、处理财务关系、提高财务工作的效率。但财务管理的核心是什么？财务理论界对此有很大的争论，争论的焦点主要在财务决策和财务控制之间。一些学者提出了"财务控制论"，认为财务控制是财务体系的核心，财务工作应当围绕财务控制来开展。

主张"财务控制论"的学者认为，将财务决策作为财务管理核心，虽然能使财务管理在现实经济生活中提高地位，但不利于财务目标的有效实现，也不能对财务管理的实践发挥最有效的指导作用，原因包括：第一，财务决策，尤其是最有效的长期财务决策属于企业战略规划，这种决策规划的权力在公司治理结构中仅仅属于股东大会或董事会。年度财务预算的审批权也是如此，也就是说，"事前"财务管理权基本属于出资者，不属于只具执行性的经营者和财务经理，后两个层次的财务管理人员在工作上主要集中在"事中"阶段。企业内部的多层代理关系使财务管理划分为出资者财务、经营者财务和财务经理多个层次。经营者财务和财务经理的基本职责是落实战略决策、实施公司预算，所以其被称为执行型，而不是决策型。第二，决策就是决断。尽管所有决策都有一个复杂的分析比较、择优的过程，但是如果把财务管理的主要职责或职能规定在筹资决策、投资决策和股利分配决策上，那么作为财务管理核心人物的首席财务官或财务经理，以及其所在的财务部门会经常处于"待业"或"关门"的状态。因为一个企业的投资、融资和分配决策，尤其是长期投资决策、资本结构决策和股利分配决策在企业错综复杂的经营管理活动中只属于偶发事件。正是基于这种认识，所以有的学者认为财务控制才是财务管理体系中的核心，而非财务决策。

实施财务管理信息化后，传统财务管理的管理模式、财务管理工作方式、财务组织设置方式等都发生了质的变化。在这种环境下，上述的两个原因都会消失。财务决策将取代财务控制成为财务管理体系的核心，原因包括：第一，在传统财务管理模式下，由于条件的限制，出资者、经营者、财务经理、财务人员之间相互脱节；而实现财务管理

信息化以后，借助于信息通信技术，这四个层次的人员可以保持实时、全方位的联系，从而构筑一个新的财务管理系统，四个层次的人员各司其职，都在财务管理体系之中。第二，由于人类社会进入了知识经济时代、信息时代，人的身份由社会人、复杂人转化成知识人、信息人。企业的员工以人力资本入股，其地位不再像以前一样，而是提高到与出资者的地位一致。此外，在信息化管理过程之中，若要提高管理人员的积极性，必然要下放一部分权利，管理人员在一定权限、一定程度上拥有各自的财务决策权，决策权不仅仅是指董事会所拥有的长期财务决策权。第三，由于使用了计算机管理、网络通信技术，企业的各个组织之间可以采用网络连接，使得全部数据的收集、初步加工、储存等都能够自行处理，企业的财务管理人员也从大量冗杂的工作中解放了出来，使其能够有更多的时间进行分析决策。第四，虽然财务管理人员从原来大量的简单低价值的工作中解脱出来，但是信息时代经济环境更加复杂，决策要求更迅速，信息技术使得信息的产生成倍数增长。因此，作为企业核心部门的财务部门不会经常处于"待业"或"关门"的状态，只是财务人员的工作性质有所变化，增加了决策的成分。在财务管理信息化条件下，财务管理人员的确比过去清闲了，这是因为信息技术使社会进步，人们可以享受技术进步带来的好处。第五，从某种角度看，财务决策包括了财务控制。财务控制是将事前计划与事中实施进行比较，如果在实施过程中与计划相悖，是否需要采取措施？采取什么措施？怎样采取措施？这个财务控制的过程也属于财务决策。

所以，在财务管理信息化中，财务管理的核心是财务决策。

五、建设财务管理信息化的目标

在一个高度信息化的企业环境中，企业财务管理应居于何种地位？毋庸置疑，企业财务管理应该比过去任何时候都要重要，但是它的重要性必须是建立在财务管理满足企业信息日益集成化的基础之上的。

（一）"信息孤岛"是传统财务管理模式存在的问题

网络时代的企业财务管理系统不再是企业的一个信息孤岛。所谓信息孤岛，是指没有进行信息相互交换的企业单个信息系统。当企业生产与管理环境中都缺乏网络沟通技术的支撑时，技术在企业中的应用往往都处于一种缺乏规划的随意状态。因此，企业应该用某种技术去解决某一特定的具体问题，而不是把该项技术融入企业的整个生产过程之中。若没有这样做，企业在技术的应用过程中就会形成很多不能相互融合的孤岛，即技术孤岛。技术孤岛不仅普遍地存在于企业的生产自动化方面，而且也普遍地存在于企业的信息系统和其他商业应用方面。

纵观我国过去几十年的发展，财务作为企业最主要的信息系统，很早就开始使用计算机了，但是企业财务系统使用计算机的目的通常是解决个别特殊的财务或其他商业问题，而很少从网络的角度去进行总体规划。从现象上看，我国企业的各个部门都已经拥有很多很好的计算机设备了，但由于缺乏总体的网络构思和设计，计算机在企业生产与管理领域中的功能非常有限，而且各部门所使用的计算机设备大都各自为政，他们只是借助计算机满足手工状态下企业内部控制和信息处理的要求，却很少甚至根本没有顾及现代信息技术自身的特性。当以纸张为载体的有关凭证在各部门之间相互传递时，该凭证上的信息便会在各部门的计算机上录入、再录入，不断地进行着信息的重复处理。从本质上看，这样的企业管理"现代化"只是停留在形式上的"现代化"，企业的整个管理构架和工作效率，与手工状态并无多大不同，甚至更为低下。因此，在传统财务管理模式下的财务系统存在若干个信息孤岛，相互之间不能进行信息流通，某一决策所需要的信息可能有一部分来自企业会计信息系统，另一部分则可能来自其他不同的信息系统。正是这个原因使得很多企业在管理现代化后没有赢得任何竞争优势。

（二）建立财务管理信息化的目标是消灭"孤岛"

财务管理信息化的一个最大特点就是消灭财务信息孤岛，实现财务信息集成。由于传统财务管理模式中各信息系统之间不能有效地交换信息，所以任意一个独立的信息系统都无法提供某一决策所需要的全部信息资料，这样不仅会降低所需数据的可靠性，还会出现工作效率低下的情况或者做出失误决策，除此之外，收集这些信息所花费的成本也是非常昂贵的。建立财务管理信息化的目标就是解决这个问题。

若要解决传统财务管理中的"信息孤岛"问题，就需要先模糊各信息系统的传统分工与界限。但这种模糊不是没有统一规划的模糊，而是有目的的模糊。通过模糊它们之间的界限，最终实现企业信息集成的目标。

财务管理信息化实现会计信息系统与其他管理信息系统的信息集成有多种方案，较常用的就是建立中心数据库或信息中心。各信息子系统或终端用户既可以根据交易的执行情况补充、修改、更新中心数据库的资料，又可以根据中心数据库的资料提供满足各种特定用途的信息。中心数据库可以与企业的成本中心、利润中心或投资中心相类似，它将在财务管理信息化中发挥至关重要的制胜作用。

第二节　财务管理信息化建设

一、财务管理信息化的理论基础

（一）财务管理信息化作用凸显

时至今日，"企业信息化"这一概念已深入人心，并广为流传，成为企业发展壮大不可或缺的"大管家"。财务管理信息化作为其组成部分，作用日益凸显。企业对于会计核算、进销存管理等应用需求出现了负增长，而对管理会计、集团管理等应用的需求却急速增长。由此可以推断，以管理会计等为基础的财务管理信息化建设正在逐渐受到企业重视，并得到推广应用。财务管理信息化的作用逐渐凸显。

从企业对财务管理信息化的需求可以看出，单纯地节省人力资本投入、提高工作效率并不是企业信息化建设的终极目标，企业信息化必将向着智能化的决策支持型方向发展。财务数据是企业的核心资源，财务管理工作是其他一切决策的基础和保障，因此财务管理信息化工作至关重要，关乎企业信息化建设的成败。研究财务管理信息化对我国集团企业的发展具有重要理论价值和现实意义。

（二）企业信息化、会计信息化、财务管理信息化的关系辨析

会计电算化是我国企业应用信息化手段解决企业管理问题的最初尝试，并且为我国企业信息化的发展奠定了坚实的基础。企业信息化是随着会计电算化的成熟应用，针对企业管理需求，向其外围关联性和多方向性发展。它是以财务为核心，将其功能逐渐延伸至业务前端，站在业务的第一线搜集信息，并提供管理方面的协助。伴随着企业信息化的发展，会计信息化的地位被逐渐提升，在其丰富的数据基础上衍生出了对数据的深

层处理和分析，并与传统财务管理相结合，形成了现代企业管理信息化的核心内容之一，即财务管理信息化。由此，企业信息化从最初的以代替手工工作、提高效率为目的，转变为以综合处理企业各项业务信息为目的，并逐步向企业整体管控和决策支持方向发展。

在这个发展演进的过程中产生了企业信息化、会计信息化和财务管理信息化三个重要的概念，但是基于其产生与发展过程的并行性及相互关联性，三者之间的关系较为复杂，功能与概念范畴存在很多模糊不清的地方。因此，在研究财务管理信息化的过程中厘清三者之间的关系显得尤为重要。

对企业信息化、会计信息化及财务管理信息化之间的关系可以界定为三点：①会计信息化是财务管理信息化的基础，面向报告；②财务管理信息化是会计信息化的升华，面向决策；③企业信息化为财务管理信息化提供环境，财务管理信息化又为企业信息化提供重要支持。因此，企业信息化、会计信息化及财务管理信息化之间具有相对的独立性与显著的依附性，财务管理信息化则是基于企业信息化、会计信息化的网络，将信息转化成企业管控与决策所需资料的过程。

（三）财务管理信息化的理论界定

目前，财务管理信息化并没有形成自己独立的理论体系，还存有许多亟待解决的理论问题。财务管理信息化是伴随着会计信息化的发展而产生和发展的，所以对财务管理信息化的概念与内涵还没有统一明确的界定。

《财务管理信息化》从宏观层面对财务管理信息化进行了界定，认为财务管理信息化是基于信息技术和企业宏观、微观管理环境，以支持实现企业价值最大化的财务决策活动为目标，通过整合企业管理流程，改进财务管理方式，形成科学的财务决策、财务控制的过程。财务管理信息化是企业管理信息化的核心组成部分，它主要帮助企业进行财务数据的各类处理与分析，并进行管理和监控活动，与相关各方进行沟通。

财务管理信息化是在大财务观的基础上提出的，它具体指企业通过业务流程重构，利用计算机技术、通信技术、网络技术和各项数据库技术，将企业的资金流、信息流和物流等整合为一体。在建立财务管理信息化的过程中增强系统的柔性，以达到控制与集成财务管理活动。同时，还为企业提供经营前期预测、制定决策、实时控制和分析反馈等手段，实现企业内外部财务管理信息的共享和有效利用，以提高企业的经济效益和市场竞争力。这一界定的提出在一定程度上对前面两种观点进行了补充，分别从宏观层面和微观层面进行了阐述和界定，使得财务管理信息化理论的建设更进了一层。

财务管理信息化的内涵还可从基础依托维度（包括技术维和数据维）、核心内容维度和终极目标维度进行界定，其主要的内容如下：

1.基础依托维度

财务管理信息化以计算机技术、信息技术、商业智能等为技术基础，以会计信息系统等作为主要数据基础，融合传统的财务管理理论，打造基于企业流程再造与重组的集中化、共享化信息平台。

2.核心内容维度

财务管理信息化借助先进的信息化工具更好地完成了传统财务管理工作，并在此基础上将信息转化为资料，做出更为人性化的决策。

3.终极目标维度

财务管理信息化提供了经营预测、决策、控制和分析手段，并服务于企业战略价值最大化，这一方面是企业信息化的核心内容。

所以，财务管理信息化的定义是，以财务管理手段信息化创新为抓手，成为企业信息化核心组成之一，具有虚拟独立与现实依附双重特性。"虚拟独立性"：在功能上，它区别于会计信息化等其他企业管理信息化系统，是借助信息化手段来完成资金筹集、投放、营运、收益分配以及在这个过程中出现的各项管控工作。"现实依附性"：财务管理信息化借助会计等其他信息系统进行数据搜集，其管理触角的延伸也依附于其他系统管理功能的扩张，实施效果与其他系统的实施状况息息相关。从本质上讲，财务管理信息化是借助信息化手段来完成传统财务管理的预测、决策、预算、控制及分析评价与激励等工作，让信息的知识化服务于企业决策。在实务中，财务管理信息化是用信息技术进行资金筹集、投放、营运、收益分配等管理工作的总称。

二、财务管理信息化建设的必要性与目标

（一）企业财务管理信息化建设的必要性

1.企业角度

（1）财务信息化对提升企业整体竞争力、发展战略具有十分重要的意义。

财务信息化是实现信息共享、信息整合的基础，是加强财务集中监管的有力手段，帮助企业领导及时掌握企业经营状况，为实现事前计划、事中控制和事后监督相结合的财务监管提供支持，为当前财务工作中的一些重大问题提供解决工具。

（2）财务信息化建设是提高财务管理水平、促进财务管理现代化的必要手段。

企业财务信息化是管理现代化的体现，是核算全面化的要求，而"数出一门"是数据准确性的保证。为优化企业资源配置，企业必须实行统一的财务制度和管理规范，统一资源调配，强化决策和经营考核，强化利润目标和成本控制，坚持账务分开、责权相对独立、计量单位和报表格式统一、考核决策一致的财务管理原则，以方便企业财务对信息的采集和处理。所以，采用现代化管理手段成为必然的选择。

（3）财务管理现代化、信息化是实现企业战略目标的迫切需要。

财务管理是提升企业管理水平的核心，财务工作必须面向企业、面向发展、面向未来，树立市场导向、效益优先、开拓发展的思想，根据以人为本、机制创新、政策推动的方针，切实进行管理模式变革，而管理模式变革和管理工具改善是一个良性互动的过程。财务信息化建设包含管理模式变革与管理工具改善两个方面，要提高整个企业财务管理的水平，就必须借助有效的管理手段来进行财务信息化建设。

（4）财务信息化建设在提高企业经济效益水平方面具有现实意义。

财务信息化建设能够减轻财务人员的劳动强度、提高工作效率、节约资金成本、节省物料、降低内部交易成本、提高企业经营绩效。根据国内众多大型企业集团的经验，可以发现，成功的财务信息化建设确实能够大大提高企业管理水平和提高企业经济效益。

2.国际经济的组织形式

21世纪，国际经济组织形式发生了重大变化，财务管理组织形式因其影响也发生了重大变化。总体表现：财务信息化管理是适应国际经济新形势的必然产物。具体表现如下：

（1）知识经济型产业要求财务信息化管理

传统产业转型成依靠信息化支撑的知识经济型产业。信息化带动了传统工业化，工业化也必然推动信息产业化。信息产业实现了市场、结算、股东的远距离控制，加大了资本、技术、资源、市场的国际化流动，此时，传统的财务报表、统计报表信息模式不能满足高速运转的国际经济组织形式的需要，所以要选择与之相适应的财务信息化管理模式，以支撑知识经济型产业。

（2）经济全球化要求财务信息化管理

世界各国为了追求宏观资源配置效率和微观资源使用效率，满足新产业、新技术、新产品、低成本、大市场的经济欲望，使国家的疆界被商品的自由流动所打破，促进了经济全球化的全面加速。所以，只有依赖知识经济时代的现代信息、现代物流，财务信息化管理才能支撑全球市场的统一，支撑经济全球化的全面实现。

（3）国际资本市场、国际化管理要求财务信息化管理

经济全球化不仅影响着资本扮演的角色，还不断打造着财务管理模式，传统的财务管理模式会发生了较大的变化。面对高度现代化的信息产业时代，全球市场、全球资本、全球结算、国际贸易的重要性决定了业务信息、资金信息、财务信息等公司主体信息在系统上运作。财务管理目标决定了财务管理的手段必须信息化，从而全面推进财务信息化管理。

（二）企业财务管理信息化建设的目标

财务管理信息化建设的总体目标便是在企业范围内建立一套安全、规范、统一、实时的财务信息管理系统。根据当前财务管理业务的内在需求，目标如下：

①建立标准化的财务管理信息化平台。标准化的财务信息化平台是实现企业财务管理基础化和信息化的首要目标和前提。它包括统一的软件和数据接口、规范化的会计核算方式和统一的报表格式，并在满足不同会计核算制度需求的前提下，统一会计科目、代码和会计政策等。

②建立有序高效的资金管理体系，加强财务监督职能，实现财务信息的实时共享。对资金合理统筹调度、配置和使用，改善资金架构，解决资金短缺与沉淀并存的问题；掌握企业资金流向，有效提高资金使用率，降低资金运营风险和使用成本，并能实现追溯查询、远程查询等功能，全方位对单位财务信息进行实时监控，与内部审计相结合，及时发现问题，避免产生风险。

③实现强大灵活的报表生成系统以及支持财务分析、管理会计和决策分析等功能。建立统一标准的报表体系，快速自动生成、汇总各内部单位的会计报表；支持各类基本报表、行业报表及公司内部管理报表等；支持各种格式报表的输入输出，能与其他软件的报表进行数据交换。根据报表能够准确分析出各类财务指标，在信息实时、准确共享的基础上，支持管理者查询和决策分析，整体提高各基层单位的财务管理水平。

④建立和完善企业预算管理体系和成本管理体系，强化财务管理功能。根据不同层次单位的特点，设计不同的预算和成本管理方案，深化预算和成本管理工作，建立完善的资金、财务、资本、筹资等预算体系，并建立适用、准确、先进的成本核算体系。使企业预算和成本的组织、编制、实行、控制、调整、分析、考核等形成一套完整、规范的闭环程序。

三、企业财务管理信息化存在的问题及对策

（一）企业财务管理信息化建设过程中的常见问题

1.对财务管理信息化的核心地位认识不足

在企业发展初期，企业的财务管理工作所需人员较少，但随着企业的不断发展，财务管理的工作量也逐渐增长，财务管理工作需要进行不断的深化与细化，大量的业务数据需要在短时间内处理，财务信息所涉及的关联面逐渐变广。传统的手工信息处理，是通过人力对账簿信息与纸张信息进行手工处理，花费的时间较长，在业务复杂、工作量大的情况下，数据的真实性得不到保障。传统的手工信息处理已经不能满足企业在发展过程中对财务管理的需求。因此，应建设现代化企业财务管理信息系统，完善财务资金管理，加快企业发展速度。许多企业在财务管理信息化建设过程中没有突出建设重点，缺乏对核心地位的认识。从手工操作到信息技术的转变，是企业财务管理信息化建设的基础，必须充分了解现代化管理的信息资源。只有将财务管理信息化建设作为企业管理信息化建设的主要核心，才能实现企业现代化管理。

2.信息真实性得不到保证

信息管理在现代化企业管理中十分重要，真实的信息是科学决策的基础依据。在企业管理中，企业的资金和物资流向需要依靠真实的信息来掌控，信息失真就会造成企业

管理失控。目前，我国许多企业存在信息失真的问题，在数据采集的过程中，没有对数据进行深入挖掘和充分利用，导致企业的信息不集成、不对称、不透明，无法统一处理口径。还有部分企业管理部门因为自身利益，没有提供真实的相关信息，导致信息失真和信息缺失。企业应采用统一的处理软件，保持信息编码一致，以此提高信息整合程度及使用率。企业管理信息化建设可以有效实现财务内部的资金控制，及时传递各种真实的业务数据信息，为企业决策提供可靠的依据。

3.缺失传统的会计系统

传统的会计流程是将采集的会计数据重复储存到信息系统里，无法全面反映经济业务的真实面目。信息传递与反映的速度较慢，容易造成业务信息滞后，从而对信息质量带来影响，信息的相关性也会有所降低，导致企业无法实现对财务资金的控制与管理。随着IT技术的发展与应用，许多企业财务部门将IT技术应用到会计信息管理中，但由于传统财务会计结构存在局限，IT技术没有得到充分的利用与发挥，财务会计流程也没有进行新的设计，依然保持传统的手工信息处理，导致了会计流程的缺失。

4.财务信息管理缺乏人才

越来越多的企业在管理方面重视人才培养，其中包括研发专员、生产经营专家、计算机技术人员、资金控制技术人员等，但在企业财务管理方面，人才还是较为匮乏。在大部分家族企业和国有企业中，财务管理人员学历低、专业水平不够，或者通过裙带关系进入财务部门，缺乏信息化管理能力，不能满足现代化企业对信息管理的需求。企业在财务管理方面应该招聘专业人才，提高财务人员的信息化管理能力，加快企业信息化管理建设。

5.企业管理人员认识不到位

在企业中建立一个完善的信息化管理系统，其工程量较大，涉及面较广，其中包括企业管理的生产组织形式、资金运作方式、企业管理模式、管理理念等内容。建立信息化管理系统的工程较大，在很多方面均有涉及，必须引起企业领导的重视，还要有相关管理人员的工作配合，这样才能建立完善的信息化管理系统。如果企业管理人员缺乏创新精神，没有充分认识企业管理信息化建设的核心任务，那么会对企业财务管理信息化建设造成影响，导致企业发展受到限制。

（二）导致企业财务管理信息化建设存在问题的原因

企业财务管理信息化建设存在上述问题的原因是多方面的，既有主观因素也有客观因素。

1.对企业财务管理信息化建设的认识不到位

建立财务管理信息化系统是一项重大的管理工程，涉及企业管理的理念、模式、资金运作方式、生产组织形式等诸多方面的变革。在现实工作中，往往有不少管理人员安于现状，缺乏创新；个别企业领导只顾眼前，没有从国际竞争的战略角度来认识自己的企业，更没有认识到企业财务管理信息化建设的重要性。有的领导仅把本企业有没有局域网作为衡量企业建设的标准，但建成之后并不关心员工有没有使用，对完善网络和开发信息资源未予重视。这种政绩观念占据了部分领导的头脑，导致网络使用效能低下。

2.消极地保安全导致资源闲置浪费

安全问题是制约财务管理信息化的瓶颈，网上泄密、窃取、篡改事件在一些企业时有发生。因为担心网上业务处理有风险而将其束之高阁，仍习惯面对面听汇报和有纸化办公，久而久之，信息化网络建设就成了摆设。虽然采取行之有效的安全防范措施是必要的，但一些企业和部门除了封、堵、停之外，就再也拿不出更好的办法，对本来可以用来办公的网络系统，只求达到安全标准，不求发挥工作效能，最终影响了财会人员使用网络的积极性。

3.管理软件发展滞后，难以满足财务管理工作的需求

企业要建立行之有效的财务管理信息化系统，必须开发出融入了企业文化和管理理念的统一财务管理软件。目前，我国多数企业缺少可以开发适合本企业财务管理所需要的统一软件的专门技术人才，而且国外大公司的一些软件不仅造价十分昂贵，还不适合我国企业的特点。国内部分软件公司对个别行业的企业管理功能的开发已有一定基础，但尚无法满足大型企业集团实现财务集中管理的需要。用户一旦购买了某公司的产品，就不得不面临这样一个两难局面：只能选择某一个公司设计的功能模块，或者放弃以前的投资。有的软件细小问题多如牛毛，甚至刚登录就打不开网页，即使打开了，许多链接也上不去，不能满足财务管理工作的需要。长此以往，人们必然会对其失去兴趣。

4.使用技能低，导致运行与安全难以保障

财务管理信息化是财务管理的一个新领域，它要求财会人员既要熟悉财会知识，又要熟悉网络知识。目前，我国财会人员所掌握的网络知识还比较少，不少财会人员虽然掌握了一些基础的计算机操作知识，但仅限于单机操作或文字编辑等简单功能的使用，网络运用仍然处于较低层次。这种状况使网络的安全运行难以保障，一旦系统被非法侵入和破坏，轻者不能正常工作甚至瘫痪，重者会泄露机密，给国家和企业带来无法估量的损失。

5.责权不明晰，导致维护管理出现真空

企业财务管理信息化系统的管理，由多方负责，有保密委员会和保卫部门、通信与企业信息化业务部门、各级行政主管部门、业务主管领导，但他们只管检查指导，不管运行维护，使网络维护管理工作举步维艰。由于财务管理信息化系统的建设只有投入没有经济效益，网络建得越大背的包袱越重。软件的开发、硬件的更新，机房、线路的维护等，都需要大量的资金投入，但由于没有纳入经常性预算项目，经费常常得不到保障，制约了财务管理信息化系统的应用和发展。

（三）加强企业财务管理信息化建设的主要对策

1.统一领导，明确各级部门及人员的职责任务

网络建设是财务管理信息化发展的重要基础。各级领导要深刻认识到充分运用信息网络对提高财务管理效能、办公效率的重要意义，自觉地做好财务管理信息化网络建设工作。

（1）要加强组织领导

企业应自上而下成立统领全局的财务管理信息化项目建设领导小组，把财务管理信息化建设纳入企业管理信息化整体建设之中，切实加强领导和检查。在摸清现状的基础上，紧贴财务管理工作任务，制定本单位的财务管理信息化建设规划。

（2）要分工协作

明确财务管理信息化网络设施和应用系统的建设、使用、管理、安全防护、使用需求、业务信息资源开发及综合处理等工作，从而分清财务管理信息化系统的建、管、用的职责和任务，避免出现政出多门、盲目建设、重复开发或相互推诿的现象。

（3）要归口管理

企业各级信息化工作主管部门是信息化网络建设和运行的归口业务管理部门，主要负责信息化网络建设的投入、组织和协调，具体包括网络设计、功能开发和技术保障等。各企业要根据统一分配的网络资源，在网络建设和运行总体规划的指导下，依据技术标准规范使用和运行各自的业务分系统。

2.整体设计，提高财务管理信息化系统建设的起点和质量

财务管理信息化网络应通过设计上的高起点确保建设和运行的高质量。

（1）整体设计网络体系

企业信息化主管部门应依据各业务领域对信息资源及信息网络的需求情况，确定建设目标、标准、技术规范，构建和完善以综合信息网为主干、以电视系统和数字档案信息系统等为补充的信息网络基本体系结构，达到设备兼容、结构合理，功能完备、协调配套，稳定可靠、安全保密的建设目标。该网络体系具备网上办公和管理、会议和动态图像传输及数据信息储存、查询、快速检索、分级访问等综合功能。

（2）整体设计主要硬件结构

各级信息化网络的硬件建设既要统一技术体制和接目标准，又要结合本企业的实际情况，以此确定分系统结构层次。企业要注重搞好各类网络设备、各节点终端功能的整合，既要考虑兼容性，又不能过分追求技术先进。服务器应采取模块化设计，减少数据处理环节和总线拥挤；监控系统、电话咨询系统硬件与信息网络硬件一体设计，避免重复建设。

（3）整体设计、开发通用的应用软件

无论是上级配发的软件，还是自主开发的软件，都要求是网络版。上下级部门要根据自己网络的特性，统一安装相同的操作系统软件，从而杜绝一体化程度低、互联互通及操作性差的问题。

（4）整体设计网络的升级改造方案

各级财务部门都要加强横向沟通，及时掌握信息化网络建设与应用发展动态。对网络升级和改造等重大问题，要科学论证和优化设计方案，经本级信息化建设领导小组研究同意，报上级业务主管部门，上级业务主管部门批准后方可实施，以确保各单位网络的互联互通与协调发展。

3.完善机制，确保财务管理信息化系统稳定和安全地运行

健全建设机制和完善运行管理机制，是财务管理信息化系统得以正常运行和不断发展的有效保证。

（1）要完善建设发展机制

针对已建成的财务管理信息化网络，要准确地找到网络现有功能与需求的差距，着眼于发展，按照统一的装备、技术和软件体制进行改造升级；对于新建的财务管理信息化网络，则要加强对网络基础建设、网络信息系统建设和应用软件系统建设的统一规划，严格执行国家标准，严格立项审查制度，严格按照网络建设规划和技术标准组织实施。

（2）要完善安全防范机制

要加强对计算机终端用户的安全管理等工作，上网终端要统一安装防病毒软件，定期组织更新和升级；要加强网络安全技术检测，及时侦测信息化网络系统的安全漏洞；要实时监测网络用户的违规行为。

（3）要完善维护管理机制

要解决网络维护费用不足的问题，确保网络中心、线路及系统设备得到及时的更新和维护，保证网络系统正常运行；采取信息业务对口维护的方法，由主管部门负责信息数据的录入、备份、恢复等工作，以保证各种信息数据的准确、完整和及时更新。

4.强化管理，提升财务管理信息化系统应用的功能和水平

财务管理信息化系统建设的最终目的是应用，只有不断扩大实际应用范围，财务管理信息化系统才能不断的发展和完善。企业财务管理信息化会影响整个企业经营管理模式的变革，它把信息技术与财务管理相结合，利用先进的技术不断提高管理水平，实现了财务与业务一体化。这种情况对财务管理人员的素质和技能提出了较高要求：财务管理人员不仅要懂财务，还要懂业务。同样，财务管理信息化对非财务人员也提出了较高的要求：他们必须掌握一定的财务管理知识，甚至要改变日常工作管理方式。企业在系统建设初期就要建立人员培训制度，并在系统建设的全过程中贯彻落实，以提高财会人员及其他员工的相关业务素质，从而增强财会人员掌握网络知识与学好、用好财务管理信息化系统的自觉性。

所以，只有通过不断摸索和掌握财务管理信息化系统的组织运用规律，及时发现网络运行中的问题，适时组织系统升级，完善和配套建设，不断发展和完善网络系统功能，才能使财务管理信息化系统最大限度地发挥使用效能和应用效益。

四、我国企业财务管理信息化协同模式建设

互联网科技的飞速发展促进了电商行业的迅速崛起，而企业进行财务管理信息化就是为了适应在该电子经济背景下的经济发展常态而做出的伟大尝试。财务管理信息化的目标是在企业的财务管理制度下，将企业的业务经营和财务管理有机地统一在网络信息平台上，逐步实现财务信息的高度共享和传输。这样的尝试在很大程度上提升了企业的财务管理效率，节省企业的人力资源成本预算，最终实现信息分享、物流共用、业务统筹和资金活跃的高效整合及信息资源共享的目的。

（一）认识企业财务管理信息化协同模式

企业财务管理信息化协同模式是一种全新的财务管理模式，以发达的网络技术为依托，对企业的财务状况进行高效管理，其目标是为企业提供及时、全面、规范的财务信息，让企业更好地领导、控制、管理和决策。企业内部的信息化管理系统与有业务往来的其他企业信息化管理系统，通过计算机或者网络平台提供的"云技术"完成高度共享、存储及信息处理等协同工作。这可以帮助企业加快财务信息管理的协同化进程，为企业管理者提供及时、准确、全面的财务信息，以保证企业在财务管理和生产经营方面能够有效交流和正常发展。

在当今经济飞速发展的大背景下，由我国创新设计出的全新财务管理信息模式已经为诸多企业提出了全新的解决思路，同时也为不同企业的交流搭建了一个高效的平台。企业财务管理信息化协同模式不仅可以促进企业对自身财务信息的精准掌握，更有利于现代企业提高经营管理水平，为企业能够在将来激烈的市场竞争中脱颖而出奠定良好的制度和实践基础。

（二）我国企业财务管理信息化协同模式在发展中遇到的"瓶颈"

信息化不仅为我国的经济发展提供了新的发展机遇，还给我国企业的财务管理及安全管理提出了更加严峻的考验。互联网背景下的经济发展，由于其自身的高度共享性使得电子商务在具体的应用中还有很多方面亟待完善。在不太成熟的信息化市场经济背景下，我国企业信息化建设只有投入足够的人力、物力和财力，才能够确保其平稳过渡到正常发展的平台，并且逐渐建立起适合自身发展的企业财务管理信息化协同模式。各企

业财务管理依据自身在信息化方面的差异性，及时进行"查漏补缺"，积极完善企业财务管理体系建设。当前，我国企业财务管理信息化建设主要存在以下几方面的问题：

第一，我国企业财务管理信息化协同模式在推进财务管理信息化过程中存在较多的失真现象。由于我国市场经济还处在初级发展阶段，相关规章制度还不够完善，尤其是信息化经济方面，还不能做到面面俱到。一些企业为了降低自身的经营成本而投机取巧，还有一些企业为了自身的利益采取不正当的竞争方式，导致不同部门之间的会计核算信息存在较大的误差，不能够真正地体现企业财务信息的真实情况。

第二，企业在自身发展的过程中没有与外部进行有效的交流和互动。一些企业在日常工作中，只注重企业内部的信息交流与核对，而忽视了与企业外部的信息交换与传递。信息化时代，企业不仅要加强自身的财务管理能力，还需要企业打通与外界，诸如政府部门、行业协会等传递和共享信息的渠道。这种内外兼顾的企业财务管理信息化协同模式可以帮助企业获得及时、有效的运营信息，规避发展过程中的风。

第三，个别企业不能适应信息化时代带来的财务信息化管理模式，所以没有建立企业财务管理信息化协同发展模式。在信息化共享的进程中，不仅需要企业财务管理信息化实时经营数据，还需要集中处理企业在实际经营中的大量财务管理事项。

（三）我国企业财务管理信息化协同模式的发展结构设想

我国企业在建设现代财务管理信息化协同模式时，要以建立合理的财务管理机制为前提，以为实现高效管理及与外部进行良好沟通的网络技术为保障，逐步建立符合现代企业经营管理的财务管理信息化协同模式。简而言之，我国企业要实现财务管理信息化协同模式，需要从以下几个方面来实现：

1.积极树立企业财务管理信息化协同模式的发展目标

企业需要积极树立自身财务管理信息化协同模式的发展目标，即企业在对自身的经营、财务管理等发展状况有了全方位、科学的把控后，根据企业未来发展的具体预期，制定企业在生产经营方面需要实现的目标。不同企业有着不同的规模和业务范围，财务管理的工作也不同，这就要求我们不能在具体的实践过程中对企业设立统一的标准，而要在企业的发展过程中及时纠正发展偏差，不断更新发展目标。

2.完善企业财务管理信息化协同模式的配套机制

企业要想发展财务管理信息化协同模式，不仅需要建立信息化协同模式，还需要通过建立相关配套机制与之互补。在现代企业财务管理基本架构初步实现后，企业可以通过制定规范、标准的业务流程和相关数据的安全要求等方式，对财务管理信息化协同模式及其配套机制进行进一步的规范管理。

3.对企业财务管理信息化协同模式进行科学把控

财务信息资源规划要求企业对自己需要的关于财务信息化管理的信息资源，在收集、筛选处理、传递、共享和决策的过程中进行整体规划。一方面，有助于企业各部门之间、企业之间、企业和社会、政府之间及时传递和共享财务信息；另一方面，保证企业与外部实现信息互通有无，有助于对财务的信息化管理。只有对企业内部和外部的财务管理信息化协同模式进行科学把控，才能让企业长足发展。

综上所述，在互联网科技飞速发展的背景下，我国社会主义市场经济正在迈向全新的发展阶段。因此，新的经济社会发展形势也为我国的企业发展提出了更加严格的要求。为了应对信息化时代的全面到来，企业的信息化建设，尤其是在财务管理中实现信息化协同模式已经成为企业发展过程中要主要面临的任务和挑战。企业在财务管理信息化协同模式下通过搭建网络平台来实现对财务管理信息和数据的收集与处理。与传统的企业财务管理模式不同，这种全新的财务管理信息化协同模式大大提高了企业在财务管理方面的效率，节省了人力资源的发展成本，保证企业财务管理的职能顺利实施，提高了财务管理人员的工作质量和企业财务管理的规模效益。随着经济的进一步发展，我国企业财务管理信息化协同模式也会逐渐推广开来，实现规模化经营。

第三节 财务信息化实施与评价

一、财务信息化实施概念及目标

财务信息化实施主要是指围绕企业管理和决策需求，对现有的财务核算业务流程进行信息化改造。

　　财务信息化实施目标包括实现企业经济业务数据的共享，减少数据的手工重复处理，打破信息孤岛；建立高效的集中式管理体系，加强对分公司的监管，避免出现权力真空；财务与业务处理高度协同，实现企业物流与价值流的同步；解放单一的核算工作，增强财务决策能力；建立适时有效的网络化财务信息系统，实现移动办公，远程控制。

二、财务信息化实施内容

　　财务信息化建设涉及很多方面，包括各种产品和解决方案，共同构成了企业信息化建设的一个整体。不同的企业管理因为管理模式不同而有不同的需求，致使财务、进销、库存、生产等业务流程有不同的重点。财务信息化要求企业从经营战略出发，考虑企业发展愿景和长期目标，设定信息化需要达到的目标，合理开展财务信息化建设的内容。企业根据自身需求，判断是否需要统一的网络系统和商业智能报表系统软件的支持。总体来说，财务信息化建设的内容主要有信息化蓝图设计、财务数据信息化、财务流程再造和财务数据一体化、内部控制设计及控制过程管理、人员行为规范管理五方面的内容。

（一）信息化蓝图设计

　　实施信息化之前，企业必须明确信息化要实现的目标和达到的程度，要充分理解信息化流程与企业先行业务流程的差异，固化相应的业务和数据逻辑，完善相应的授权审批权限，确保蓝图设计最优化。蓝图设计阶段，实施公司和企业要进行充分的沟通，一方面了解企业的工作流程；另一方面了解信息化软件运营原理，固化企业所有的业务流程，确保在风险可控的前提下，持续提升运营效率。信息化蓝图设计的合理性和完整性将直接影响信息化建设实施的成果。

（二）财务数据信息化

　　企业应该建立并持续优化信息化管理系统，将财务数据录入系统，并将相应的业务数据导入，注重数据的合理和完整。数据初始化是否完整将直接影响信息化运用水平。财务数据信息化过程中，企业不仅需要关注各个子系统中的信息是否完整，同时还要保证各子系统信息的勾稽，数据采集的时点统一性，以及信息系统与原系统的无缝衔接。在财务信息化系统中，可以适时加入网上银行系统、合同管理系统、网上办公系统、物资需求计划系统等作为辅助的相关财务信息化管理核算系统。

（三）财务流程再造和财务数据一体化

财务实施信息化后，必将对企业原有的业务流程产生较大冲击，此时，企业不仅需要根据蓝图设计制定的流程对企业现有的流程进行改造或优化，还需要将业务流程与财务流程进行优化，实现数据交换的无缝衔接，保证财务业务数据一体化，充分实现财务数据共享，促进各部门决策基础的同一性，实现存货信息快速传递、货款回收集中、分支机构各项费用合理控制并按需及时拨付等。

（四）内部控制设计及控制过程管理

财务信息化不仅要保证流程的优化效率，还要保证风险可控，确保各项业务流程授权审批权限和不兼容岗位职责的分配合理，优化效率。在风险控制过程中，要不断评估反馈，并对内部控制流程进行持续优化，遵循内部控制的重要性、制衡性和成本效益等原则。

（五）人员行为规范管理

一方面，所有的信息系统都离不开人的使用，脱离了人的使用，再完美的系统都是虚设；另一方面，再完美的系统如果缺乏合理的应用，执行的效果也会大打折扣。为保证系统的合理高效执行，企业必须对系统操作人员进行培训，确保所有系统操作人员能够按照岗位职责开展相应工作，保证系统按既定程序和要求得到有效执行。

三、企业财务信息化评价

（一）我国企业会计信息化的现状

目前，我国企业会计信息化建设水平参差不齐。在实际运用方面，走在前列的公司，虽然其规模庞大、分布广泛、业务复杂，但通过会计信息化已经实现了会计核算中90%的业务自动化，能对所有业务进行实时监控，并及时、准确地形成财务报告系统。同时，它能通过财务分析系统随时进行监控和分析，保证决策信息的有用、及时和准确。但还有一些企业会计信息化水平较低，甚至还未进行信息化建设。从整体情况看，一般规模较大和业务复杂的企业均不同程度地进行了会计信息化建设，而规模较小和业务简单的企业信息化程度较低。领导重视和组织规范的企业，其会计信息化程度就高；反之，则低。

但必须注意的是，同一行业、同一地区、相同规模的企业也存在会计信息化水平有较大差异的情况。由于企业会计信息化的建设程度受外部和内部影响的因素较多，因此会计信息化水平也千差万别。

（二）企业会计信息化评价的意义

企业会计信息化建设水平存在较大差异。因此，把握和评价企业会计信息化的发展程度就十分必要。其意义在于：

①为企业充分了解自己的会计信息化建设水平，提高会计信息化建设质量提供参考。

②可以为国家会计信息化管理部门制定各项标准和政策提供重要依据。

③有利于国家信息化战略的顺利实施。

④促进会计信息化理论的发展。

（三）企业财务信息化评价标准

结合财务信息化相关实践经验及相关公司制定的评价标准，总结出了企业财务信息化评价标准（表3-1）。企业财务信息化总体评价可以分为五个等级，即准备级、初始级、提升级、管控级和创新级。

①准备级：会计电算化阶段，以会计核算软件的实施为主要标志。

②初始级：集团化财务核算管理阶段，以实现集团会计集中核算管理功能，实时合并财务报表为主要标志。

③提升级：集团化财务管控阶段，以实现信息化管理控制财务活动全过程为主要标志。

④管控级：集团财务业务一体化阶段，以实现经营活动与财务管理互为协同为主要标志。

⑤创新级：优化和持续改进阶段，以能够不断适应财务管理和信息技术发展为主要标志。

表 3-1 企业财务信息化评价标准

要素	准备级	初始级	提升级	管控级	创新级
数据标准模	能够实现单体企业基础会计信息的统一规范编码	能够实现集团内部会计科目等基础会计信息的统一规范编码	能够实现集团内部会计科目、物资、产品、职工、客户、供应商、合同等信息的分类整理，明确编码规则，实现统一规范编码	能够实现涵盖集团内部所有业务、管理等工作事项的标准信息化编码体系，并形成编码手册，实施动态维护与管理	
模块功能	运用电子计算机和会计电算化软件代替人工记账、算账和报账等会计工作；实现会计信息的电子化存储、计算、传输等功能	在会计电算化的基础上，实现集团会计集中核算管理功能；在集团层面可以实时检索、统计、汇总各个分子公司的会计信息，并能够自动生成财务报表	实现信息化环境下集团财务管控全覆盖；信息系统功能可以支撑集团各项财务操作、管理及控制等实务工作	业务驱动财务，财务高效管控经营活动。业务与财务高度集成，并能通过统一的信息平台动态、灵活、敏捷地构建企业内部同构或异构的一体化信息系统	随着企业集团对财务管理要求的不断变化，电子计算机、网络、软件技术的不断创新，财务信息化系统可以通过人工智能等多种方式无限地与现代企业财务管理体系相融合，以适应未来财务管理的需要

要素	准备级	初始级	提升级	管控级	创新级
流程协同	无	无	实现集团与分子公司之间会计核算管理系统的相互协同	对比行业最佳实践，制定适合本集团财务管理要求的管控流程；实现预算、资金、核算等各项财务事项的互为支撑，无缝衔接，协同管控	实现企业资金流、信息流、业务流的融会贯通；消除业务与财务、部门与部门、计划与实施之间的信息孤岛
内部控制	无	无	在信息系统中融入关键财务管理风险控制点，并能根据管理要求动态调节管控标准值	企业经济活动可以实时、动态地触发各项财务管理事项，通过对高风险业务的识别和控制标准的设定，有效地对经济事项进行控制	
决策支持	无	无	无	将既定的数理模型与企业集团构建的行业信息库进行对比，为管理层的各项决策提供财务分析风险预控、趋势预测等	

（四）企业会计信息化评价指标体系

1.企业会计信息化评价内容

任何评价都应该遵循全面性、客观性、准确性、动态性和易操作性的原则，因此企业会计信息化建设涉及的内容均应作为评价的内容。按照生命周期法，从企业会计信息化的提出到开始建设，最后到维护、完善和更新，这应该是一个不断循环的过程，其评价的内容如下：

（1）组织与战略方面

会计信息化是一项系统工程，信息化组织的领导力是实现会计信息化的重要保障。企业必须要有正确、合理的会计信息化战略规划，以此推动信息化不断前进。从过程上来说，这也是会计信息化建设的重要前提。

（2）基础建设与保障方面

企业会计信息化的实现必须借助计算机等硬件设施及优秀的管理软件，因此会计信息化的工具不可或缺。但信息化的新环境显然对内部控制、安全风险等造成了很大影响，包括后期对硬件、软件的维护等，因此必须制定相应的制度并切实执行，只有这样，才能保证会计信息化的健康发展。

（3）信息化运用方面

会计信息化只有通过实际运用才能发挥出它的价值，具体包括会计软件的使用率、软件模块与实际业务的耦合度、软件运用的便利性、与其他业务模块的数据交流等。

（4）绩效方面

会计信息化的目的就是提高管理效率、规范管理流程，从而及时提供更加准确、完整的决策信息。它是一项投入，因此就必须考核其绩效情况，主要评价绩效性中的效益性和效果性。

（5）人力资源方面

会计信息化最终还需要人的干预，因此操作人员的技能水平和培养教育情况应该得到足够的重视。

2.会计信息化水平评价指标体系

在明确会计信息化评价内容后，必须采取可操作的措施以便评价，即构建会计信息化水平评价的指标体系。由于会计信息化既包含定性的内容，如组织建设、制度建设等，又包含可以量化评价的内容，如绩效等，因此必须综合考虑指标体系。

一般来说，评价指标应尽量反映能代表其评价内容的核心，指标不宜过多（一般3～5个为宜），采取关键指标法（也称"二八"理论）。评价指标取得易于量化的数据后，才能便于实施和比较。

结合已发布的《中央企业信息化水平评价暂行办法》和《建筑施工企业信息化评价标准》（JGJ/T272—2012），以及企业会计信息化的内涵和评价内容，按照关键指标法建立的评价指标体系如表3-2所示。

表3-2　会计信息化水平评价指标体系

目标层	准则层	指标层
会计信息化水平评价指标体系（A）	组织与战略方面（A1）	组织的健全与领导水平（A11）
		战略规划的制定与执行程度（A12）
		信息化分析程度（A13）
	基础建设与保障方面（A2）	累计会计信息化投资占近三年平均收入率（A21）
		制度制定与执行水平（A22）
		安全保障与执行程度（A23）
	信息化运用方面（A3）	信息化模块数（A31）
		信息化模块与实际业务的耦合性（A32）
		信息化运用覆盖率（A33）
	绩效方面（A4）	提高会计工作和信息的标准化程度（A4I）
		提高工作效率程度（A42）
		决策者对会计信息及时、完整、准确的满意程度（A43）
	人力资源方面（A5）	操作人员信息化水平（A51）
		信息化培训率（A52）
		信息化专业人员率（A53）

3.会计信息化水平评价的指标体系说明

指标体系中的准则层是根据评价内容确定的，准则层再细分核心指标，从而得到指标层。为便于计算，指标层是按照不同定性水平转换成定量水平进行打分的，再乘以指标层和标准层的权重，最后逐级计算出总水平分值。

指标层分值一般分为五个层级，按照打分法依次为 0~20、20~40、40~60、60~80、80~100，每一分数段代表一类水平。

第四节 财务会计信息化工作的组织规划与运行系统

会计信息化是会计工作的发展方向。我国大中型企事业单位和县级以上国家机关都应积极地创造条件，尽早实现会计信息化。实施会计信息化是促进企事业单位会计基础工作规范化、提高经济效益的重要手段和有效措施，是企事业单位建立现代企业管理制度和提高会计工作质量的一项重要工作。

会计信息化是一项系统工程，涉及单位内部的各个方面。一方面，各单位负责人或总会计师应当亲自组织、领导会计信息化工作，主持拟定本单位会计信息化工作规划，并协调单位内部各部门间的关系，共同做好会计信息化工作；另一方面，各单位的财务会计部门是会计信息化工作的主要承担者，应该在单位各部门的配合下，负责和承担会计信息化的具体组织与实施工作，负责提出实现本单位会计信息化的具体方案。

与传统的手工会计信息处理不同，会计信息系统不仅包含原手工会计处理的一些操作手段和工作过程，还涉及电子计算机系统的应用与维护。因此，会计信息系统的组织除了要建立进行一般会计处理的机构，还要组织技术力量对计算机系统进行管理和维护。会计信息系统的应用改变了传统的工作形式。

一、电子计算机系统和会计软件的配置

电子计算机系统和会计软件是实现会计信息化的重要物质基础。与本单位会计信息

化工作规划相适应的计算机机种、机型和系统软件以及有关配套设备，是会计信息化工作顺利实施的基本保证。

具备一定硬件基础和技术力量的单位，可以充分利用现有的计算机设备建立计算机网络，以实现信息资源共享和会计数据的实时处理。由于财务会计部门处理的数据量大，对数据结构和处理方法要求严格，对系统安全性要求高，所以各单位用于会计信息化工作的电子计算机设备应由财务会计部门管理。若硬件设备较多，应给财务会计部门设立单独的计算机室。

配备会计应用软件是会计信息化的基础工作，会计应用软件的优劣对会计信息化工作的成败起着关键性作用。配备的会计应用软件，主要有通用会计软件、定点开发会计软件，或者通用会计软件与定点开发会计软件相结合。

各单位在开展会计信息化工作的初期应尽量选择通用会计软件。通用会计软件投资少、见效快，在软件开发或者技术服务单位的协助下易于成功。各单位选择通用会计软件时应注意软件的合法性、安全性、正确性和可扩充性，确认软件的功能是否可以满足本单位会计工作的需要，并考虑到今后工作发展的要求。

定点开发会计软件有本单位自行开发、委托其他单位开发和联合开发等形式。大中型企事业单位一般都对会计业务有特殊要求，这些单位在取得一定的会计信息化工作经验以后，可以根据现实工作的需要，以定点开发的形式开发会计软件，也可选择用于大中型企事业单位和集团公司的集成化商品会计软件。

在会计信息化工作逐渐变得复杂后，若通用会计软件不能完全满足本单位的特殊要求，相关单位就可采取通用会计软件与定点开发会计软件相结合的方式开发会计软件，但在应用过程中要对通用会计软件进行二次开发，以确保投资的效率和会计数据资源可以充分利用。

二、代替手工记账

代替手工记账是会计信息化的目标之一。采用电子计算机代替手工记账，是指应用会计核算软件输入会计数据，由电子计算机对数据进行处理，并打印输出会计账簿和报表。用会计信息系统代替手工记账的单位应满足三个条件，即配备了实用的会计软件和相应的计算机硬件设备，配备了相应的会计信息化工作人员，建立了严格的内部管理制度。

财政部门规定：在用会计信息系统代替手工记账之前，会计信息系统与手工记账应并行工作 2 个月以上（一般不超过 6 个月），并且两者核算的数据要一致，同时相关工作应接受有关部门的监督。

代替手工记账的过程是会计工作从手工核算向电算化核算的过渡阶段。由于计算机系统与手工记账并行工作，会计人员的工作强度较大，所以相关单位必须重视用会计信息系统代替手工记账的工作。

会计信息系统代替手工记账失败的原因主要有数据准备不充分、会计工作人员技术准备与心理准备不足、单位领导缺乏现代管理意识等。系统转换一旦出现差错，就会对下一步的工作产生很大影响，甚至引起人们对会计信息化工作的怀疑。

会计信息化工作与手工核算的业务内容基本相同，但存储在计算机系统内的会计数据的打印输出和保存是代替手工记账的重要工作。根据会计信息化的特点，相关单位在进行会计信息化时应注意以下几个问题：

第一，会计信息系统打印输出的书面会计凭证、账簿、报表应当符合国家统一会计制度的要求，采用中文或中外文对照。会计档案的保存期限按《会计档案管理办法》的规定执行。

第二，在当期所有记账凭证数据和明细分类账数据都保存在计算机内部的情况下，总分类账可以从这些数据中产生，因此当期总分类账可以用"总分类账户本期发生额及余额对照表"代替。

第三，受到打印机应用条件和使用形式的限制，现金日记账和银行存款日记账可将计算机打印输出的活页账页装订成册。一般账簿可以根据实际情况和工作需要按月、按季或按年打印。

第四，在保证凭证和账簿清晰的条件下，计算机打印输出的凭证、账簿中的表格线可适当减少。在用会计信息系统代替手工记账后，当天发生的会计业务应于当天登记入账，到期未及时结账的，打印输出会计报表。计算机中的凭证、账簿数据无论在什么时候都要能如实地反映企事业单位的资金运转过程和财务状况。

会计信息化工作对会计人员的职能也提出了更高的要求。会计人员要能够灵活地运用计算机对数据进行综合分析，定期或不定期地向单位领导报告主要财务指标和分析结果；单位领导也应通过会计信息系统提供的领导查询系统主动地获取财务数据。

三、甩账的验收审批

为提高会计信息化后的会计工作质量，保证会计工作得到上级各部门的认可，且操作符合国家有关规定，单位在正式使用计算机代替手工记账之前应先验收。验收过程可以归纳为两种形式：一种形式是由财政部门直接对申请代替手工记账的单位进行审查，验收合格后办理计算机代替手工记账的审批手续，并发放计算机代替手工记账的许可证。另一种形式是财政部门间接管理，由申请计算机代替手工记账的单位委托会计师事务所进行计算机代替手工记账的审查，出具审查合格报表，并抄送至财务、税务、审计、业务等主管部门；财政部门只负责对会计师事务所的审查工作质量进行监督和检查，在审核会计师事务所的审查报告后作出正式批复。无论采取何种形式进行审查，依据的标准都是《会计电算化管理办法》和《会计电算化工作规范》。验收工作主要包括对会计核算软件的评审，以及对计算机代替手工记账的审批。

对会计核算软件的评审，是判定单位使用的会计软件是否符合现行会计制度及对软件的安全性和可靠性的评价。对已评审的会计核算软件，甩账验收时可以不再进行软件的评审工作。此外，对于会计软件的运行环境和管理制度，相关部门也要进行检查。

对计算机代替手工记账的审批主要有几个方面的内容：审查 3 个月（或 6 个月）并行期间手工账与计算机账的一致性，审查会计档案保管制度，审查会计人员电算化岗位分工制度。

四、会计核算软件的二次开发

会计核算软件的二次开发，是指当会计核算软件的功能不能完全满足用户的需求时，用户需要在原来软件的基础上进行进一步的开发，以补充、改进软件的一部分功能，满足自身对会计核算业务的要求。

通常，商品化会计核算软件在开发过程中主要考虑的是软件的标准使用模式。企业会计信息化工作的深入开展和用户计算机业务能力的提高，都要求对原有的软件功能进行拓展。

对会计核算软件进行二次开发的主要原因有几种情况：①商品会计核算软件的功能不能实现某些特殊会计核算处理的要求，需要增加这部分会计核算业务的程序模块；②

原有商品化会计核算软件的功能与本单位具体情况不完全符合，要在原有程序模块的功能上进行修正；③将商品化会计核算软件系统组合到本单位的管理信息系统工作中，使会计核算系统成为企业管理信息系统的一个子系统。

根据企业不断变化的外部环境和企业内部管理的要求，加强企业的内部管理已成为会计部门和企业其他管理部门的当务之急。企业急需各种各样的、大量的、全方位的信息，并通过对这些信息的处理进行企业管理事项的决策。

商品化会计核算软件通常是使用范围比较广泛的会计软件，虽然其针对不同行业的会计核算工作的特点推出了不同的版本，但不可能将行业的信息要求、个别特殊信息需求及其他未考虑到的信息需求一一罗列，企业需要进行会计软件的二次开发。

（一）会计软件的二次开发工作需要考虑的事项

第一，根据财务管理、业务管理的要求，进行分析、设计、规划等工作。

第二，根据当前的、以后的计算机系统技术条件，进行分析、设计、规划等工作。

第三，分析软件开发完成后所能带来的工作效益、经济效益。

第四，计算会计软件二次开发所需要的工作时间、工作费用。

第五，确定计算会计软件二次开发所需要的物资条件、开发工具与人员。

第六，制定会计软件二次开发时的制度与规范。

第七，检查目前是否有现成的软件可以直接应用，或者稍微改动即可应用，或者是否可以稍微改动自己单位的管理方式，以适应会计软件的设计要求。

第八，会计软件二次开发的测试、修改、维护、版本升级。

第九，会计软件二次开发后，上级财务、会计、业务主管部门的审批。

（二）会计软件二次开发应注意的问题

第一，软件开发成本失控。

第二，软件开发进度失控。

第三，最终用户对"已完成的"软件系统不满意。

第四，在软件开发过程中遇到了预先没有估计到的技术方面或其他方面的困难。

第五，软件产品的质量失控。

第六，软件开发过程中人员的更换和离去。

第七，软件没有相应的技术资料和使用说明。

第八，软件开发完成后未达到预期的投入产出比。

第九，相关人员或内部人员失去了信心，或者没有责任心。

第十，软件开发速度低于计算机技术的发展速度，或者低于其他相同功能软件的发展速度。

五、会计信息系统硬件

硬件设备按类型可以分为计算机主机、计算机外围设备。

（一）计算机主机

计算机一般分为大型机、中型机、小型机和微型计算机，微型计算机以其高性能和低价格的优势迅速占据了市场。单纯从设备的计算能力来区别各类计算机，已难以划分出明显的界线。下文结合会计信息化的应用，从超级计算机、网络服务器、微型计算机和计算机交互式终端等方面来阐述计算机主机。

1.超级计算机

超级计算机是计算机中功能最强、运算速度最快、存储容量最大的一类计算机，通常是指由数百、数千，甚至更多的处理器（机）组成的计算机，多用于国家高科技领域和尖端技术研究，是国家科技发展水平和综合国力的重要体现。现阶段，就超级计算机的应用领域来说，我国和美国、德国等发达国家还有较大差距。

作为高科技发展的要素，超级计算机早已成为世界各国在经济和国防方面的竞争利器。超级计算机是一个国家科研实力的体现，对国家安全、经济和社会发展具有举足轻重的意义。我国超级计算机的研究及其应用为我国走科技强国之路提供了坚实的基础和保证。

某些对计算机能力要求极高的应用领域，如天气预报、卫星导航、军事对抗等，都离不开超级计算机。在会计电算化领域中，在某些金融数据处理中心，例如金融信息中心、证券服务、集团公司中央处理系统等，小规模的计算机系统难以顺利进行工作，这时就需要有功能强大的超级计算机或大型计算机系统。但这类计算机价格昂贵，不适合计算机的普及应用。

目前，排名第一的是国际商业机器公司推出的蓝色基因——Blue Gene/L，它同时合并了 65 536 个处理器，再加上可升级的模板设计，运算速度达到了每秒 280.6 万亿次。

2.网络服务器

目前，几乎所有的计算机主机设备厂商都生产网络服务器。网络服务器用于计算机网络的管理、计算和共享数据等方面。以前，所有的服务器都是通用的，用户主要依据处理器的处理能力、存储容量的大小等硬性指标来选择服务器。随着计算机网络的发展，服务器的网络应用逐渐多样化，如文件服务器、电子邮件服务器、网站服务器、磁盘服务器、打印服务器、应用程序服务器、文件传输协议服务器、数据库服务器等。网络应用的细分导致人们对服务器性能的要求更高。服务器的不同应用要求促进了专用服务器的出现和发展，专用服务器产品也随之出现。这是计算机时代产品和技术发展的必然趋势，是网络应用向更深层进步的特征。

3.微型计算机

微型计算机是计算机技术在发展过程中献给人们最好的礼物之一，因为它具有体积小、价格低、计算能力强等优点，所以被大量引入办公室和家庭。从世界各国的发展情况来看，微型计算机已成为计算机数据处理的主力军。在会计信息系统中，绝大多数都是通过微型计算机与最终用户打交道。

微型计算机技术发展极其迅速，其所用的微处理器主频从 1981 年的 4.77 MHz 提升到 4 GHz 以上，提高了 800 余倍。同时，单枚中央处理器的处理单元朝着双核、四核等多核心发展。实际上，一般用户对微型计算机性能的要求并不是很高，当前计算机市场性价比最高的主流配置，即可满足需要。随着人们对工作环境要求的提高，在选择计算机相关产品时，人们的侧重点会从设备的技术性能转移到产品的个性化设计上，如大面积的液晶或投影显示屏等，以此提高会计信息化的工作效率。

4.计算机交互式终端

事实上，计算机终端并不是计算机主机，终端是指计算机的交互式操作终端设备。同使用微型计算机一样，用户主要借助鼠标、键盘等进行操作。

相对于传统的个人电脑，会计核算软件只需在服务器上安装一次就可以在众多终端上并发执行，且运行速度快、安全性好、硬件不用升级、软件升级简单。这种工作方式能有效地解决会计信息系统升级、维护，以及计算机病毒等问题，非常适合企业系统的集中计算、集中升级、集中管理的工作模式。

虽然交互式终端具有以上优点，但在较分散的地域上工作还不太适合。同时，若终端产品产量不大，各厂商的产品硬件不能通用，势必会出现维修费用过高的问题。并且生产厂家一旦转产或消失，配件将无法得到有效供应，损失就会较大。在微型计算机普及的今天，虽然交互式终端几乎被人们遗忘了，但是这并不能埋没其在计算机应用系统中的丰功伟绩。

（二）计算机外围设备

计算机外围设备有很多种类型，并且随着计算机与网络技术的发展不断地涌现，其主要可分为输入设备、输出设备、数据存储设备、计算机网络设备四类。

1.输入设备

在会计信息系统中，人们通常利用键盘和鼠标进行数据输入。随着多媒体技术的发展，许多输入设备都可以用在会计数据的输入工作中。手写、语音和图像输入设备的出现，使会计信息系统能够处理更加丰富的内容。

手写笔对于中文文字的输入有着特殊的意义，通过手写，人们可以直接将文字信息输入计算机。在会计信息系统中，摘要和备注的输入与中文信息关系最密切。一般商品化会计核算软件允许预先编辑并存储这类信息，以备输入时选用。手写笔可以作为文字输入的一种补充手段。

语音输入是近几年发展起来并日趋成熟的一种输入方式，其输入设备是麦克风和语音处理设备（声卡）。在会计信息系统中，人们可以利用语音输入设备向计算机输入会计信息，以提高数据输入的效率，减轻输入工作的强度和单调性。语音输入方式与其他输入方式配合使用，有助于提高输入效率。

过去在商品化会计核算软件中，对图像的处理还比较少见。一方面，图像处理对计算机的计算能力和图像处理能力有一定的要求；另一方面，图像数据的处理和存储需要较大的存储空间。然而，这些问题对当前微型计算机的性能与配置来说已经不是一道难题。在会计信息系统中，人们可以利用图形输入设备输入并保存大量的原始凭证信息，完成这一工作的设备便是图像扫描仪。根据工作原理划分，图像扫描仪的传感器主要有接触式图像传感器与电荷耦合器件传感器两种，图像分辨率都可轻易地达到 $600 \times 1\,200$ DPI。在会计核算过程中，人们可以将各类原始凭证的"复印件"输入计算机。例如，某银行利用扫描仪将来自各支行的会计凭证、储蓄凭证、国际业务凭证、信用卡凭证等输入计算机，从而提高了凭证档案管理的效率，缩短了客户服务的响应时间，大大降低了手工管理的劳动强度和费用。另外，扫描仪还可以用于对关键票证的鉴别与验证。例如，对客户预留存根进行自动搜索，并对客户所持支票的印鉴进行核对。据了解，某网络科技公司的支票管理与防伪系统的假印识别率接近 100%，真印通过率可达 95%。

数码相机也是近年来发展迅速的图像输入设备。银行系统的储蓄与对公业务可以启用视频监视系统来保留业务操作过程。会计信息系统也可以用数码相机记录会计业务交易活动现场，并随着原始凭证一起保存，作为日后备查的线索。至于由此引出的人物肖像权问题，可通过有关法律法规比照银行摄像系统处置。

2.输出设备

由于会计工作的特殊性，会计业务的输出内容具有很强的规范性。因此，在会计信息系统中，输出资料以硬拷贝为主，而且这些凭证、账表还需要会计人员签名盖章，否则这些输出不具有法律效力，只能当作副本参阅。打印机扮演着会计信息系统输出设备的主角。打印机可分为针式打印机、喷墨打印机、固体喷蜡打印机、激光打印机等。

针式打印机的缺点是难以提高打印速度、工作噪声大。但是在财务会计系统中，在票据的输出方面，针式打印机具有其他类型的打印机不可替代的特性：①针式打印机可以自由地控制走纸范围和精度，可以适应不同尺寸票据输出的需要；②针式打印机支持多层打印，对于多联形式的票据，如发票等，可以一次打印完成；③针式打印机的购置价格和使用成本较低，耗材补充适应性强。

喷墨打印机的使用成本是各类打印机中最高的，但是在图像输出，特别是彩色图像输出方面，有着较大的优势。在对原始凭证的电子化管理中，喷墨打印机是不可或缺的设备。

固体喷蜡打印机的工作原理：对青、品红、黄、黑四色固体蜡做两次相变，固体蜡原本附着在打印机的鼓上，打印时进行第一次相变，熔化成液体并喷到打印介质上，然后立刻被重新固化，即第二次相变。在打印介质上形成图像之后，经过两个滚筒的挤压，介质表面变得非常光滑。固体喷蜡式打印机打印出的图像效果虽然稍逊于热升华打印机，但是其色彩极为艳丽鲜亮，对打印介质要求也不严，彩色打印速度要比热升华打印机快得多。

激光打印机的输出速度较快，打印质量也非常好，特别适合输出大量的文字资料和黑白图像资料。使用彩色激光打印机也可以输出彩色图像，但设备价格和维护费用比较高。激光打印机可用于会计信息系统中的报表、账簿等财务报告资料的输出。

显示屏幕和语音输出设备可用于会计核算数据查询和分析数据的输出。例如，账表查询、数据统计等操作的结果。

3.数据存储设备

计算机数据存储设备的发展与计算机技术的发展相似,其设备性能迅速提高。目前,计算机内的主要存储设备是磁盘驱动器。磁盘驱动器存储容量大、存取速度快,并且价格便宜。市场上性价比较高的磁盘驱动器的容量已经达到 1 000 GB 及以上,主轴转速达到 7 200 r/min 及以上,并且还在高速增长。

便携式硬盘、闪存盘、存储卡等即插即用的存储设备早已取代了软盘设备。U 盘是 USB 盘的简称,USB 就是一种外围设备与计算机主机相连的接口类型。广义上的 U 盘就是指移动存储设备,而狭义上的 U 盘仅仅指闪存盘。U 盘是常见的移动存储设备之一,其特点是小巧、存储容量大、价格便宜。目前,U 盘容量有 1 GB、2 GB、4 GB、8 GB、16 GB、32 GB、64 GB、128 GB、256 GB、512 GB、1TB 等。以常见的 128 G 的 U 盘为例,其价格仅几十元。U 盘携带方便,人们可以把它挂在胸前、吊在钥匙串上,甚至放进钱包里。

闪存盘,是二十年以来计算机存储领域唯一属于中国人的原创性发明专利成果。一般,采用多层单元颗粒的 U 盘可擦写 1 万次以上,而采用单层单元颗粒的 U 盘使用寿命更是长达 10 万次。"U 盘"不是产品名称,而是哈尔滨朗科科技有限公司注册的闪存盘商标。哈尔滨朗科科技有限公司发明了世界上第一款闪存盘,并因此荣获闪存盘全球基础性发明专利,公司总裁吕正彬是创始人及发明专利持有者之一。

会计信息系统对数据的安全要求很高,不仅要求数据存储设备支持电算化系统的会计业务工作,还要求对会计核算的数据进行备份。除了磁盘驱动器(简称"磁盘")外,存储设备还有传统的磁带驱动器(简称"磁带")和近年来正在走向实用的可刻录光盘驱动器。

与磁盘驱动器相比,在进行数据备份时,磁带设备具有不可代替的地位:第一,磁带的存储密度较高;第二,磁带记录数据的可靠性强,不会因外界的物理冲击而丢失数据;第三,磁带的单卷存储容量与磁盘相当。磁带作为对会计核算数据进行备份的介质有其独特的好处,但其缺点是存取速度较磁盘稍低,目前这种情形正有所改善。

可刻录光盘驱动器的推出是引人瞩目的,与其他存储设备相比,它有以下优点:第一,数据存储量大。激光唱片的存储量,单盘可达 750 MB;而数字视频光盘的存储量,单盘可达数十 GB。第二,存取速度快。目前,已推出 48 倍读、32 倍写、12 倍重写性能的可刻录光盘驱动器。第三,CD-RW 盘片上的数据可随机读写,与磁盘类似,操作极为方便。第四,可刻录光盘 CD(DVD)-R 盘片与可擦写光盘 CD(DVD)-RW 盘片均能与 CD/DVD 设备兼容。这些盘片可在普通的 CD-ROM 和 DVD 光盘驱动器上读取。第五，数据存储保存时间长，可达数十年。

虽然磁光盘与极碟设备早已出现，但它们都不能与可刻录光盘驱动器相比。在会计信息系统中，使用可刻录光盘驱动器存储数据，配合图像编辑手段，可以实现存放和实时处理大量的原始凭证。

4.计算机网络设备

在大企业中，会计信息系统需要在计算机网络环境下工作，以充分发挥其功能。这样不仅易于会计业务的分布式运行，还能与企业的其他信息处理子系统便利地交换数据。常用的组网设备与器材有关，网络各节点的电子计算机通过各类通信信道被有机地连接起来。通过通信网络的物理连接，会计信息系统的各个工作站点不仅可以互相联络，还可以共享数据，并接受其他服务。

六、会计信息系统软件平台

要支撑会计信息系统的运行，就必须为其构建一个良好的软件工作平台。会计信息系统必须在系统软件及有关的数据处理和维护软件的支持下工作。

（一）系统软件

计算机系统软件主要指计算机操作系统。操作系统的功能是有效地管理计算机的硬件与软件资源，并为用户提供一个友好的操作界面。除了某些特别的计算机系统，常用的微型计算机操作系统有 Unix、Windows 和 Linux。

1.Unix 操作系统

Unix 操作系统是一个交互式的多用户分时操作系统，自 1969 年问世以来，发展十分迅速。1973 年，人们可以在许多不同类型计算机体系结构中使用的 C 语言重写了 Unix 操作系统，使得 Unix 操作系统具有了可移植的条件。之后，大量的使用者和大公司竞相开发和扩充 Unix 操作系统的功能，使其性能越来越强，可以运行的实用程序也越来越丰富。目前，Unix 操作系统已被移植到各类计算机、工作站、服务器和微型计算机上。美国电气与电子工程师协会组织成立的基于 Unix 操作系统的可移植 OS 界面委员会给 Unix 操作系统下了一个标准的定义，即可以运行 Unix 应用软件的操作系统就是 Unix

操作系统。

Unix 操作系统具有良好的稳定性和安全性。例如，SCO Unix 操作系统为用户提供了四个安全级别，分别是 Low 级、Traditional 级、Improved 级和 High 级，其中 Improved 级达到了美国国防部的 C1 级安全标准，High 级则高于 C2 级。Unix 操作系统作为一个成熟的网络操作系统，已广泛地应用在金融、保险、邮电等行业，会计核算软件可以选用 Unix 操作系统为平台。

2.Windows 操作系统

自从 1981 年 8 月 12 日 IBM 公司推出了个人电脑，并宣布了当时的 MS-DOSI.0 操作系统，微软公司就成了微型计算机操作系统的霸主。随之推出的 Windows 操作系统也几乎成了微型计算机操作系统的代名词。在我国，几乎所有的商品化会计核算及管理软件开发商在 Windows 操作系统问世以后，都将会计软件从磁盘操作系统平台转移到 Windows 平台。

3.Linux 操作系统

Linux 操作系统是一个基于可移植操作系统接口和 Unix 操作系统的多用户、多任务、支持多线程和多 CPU 的操作系统，Linux 操作系统来源于林纳斯·本纳第克特·托瓦兹的将 Unix 操作系统移植到 Intel（英特尔）处理器架构的计算机上的构想。Linux 操作系统能运行 Unix 操作系统的主要工具软件、应用程序和网络协议，而且模块化的结构设计也使其具有良好的扩充性。同时，Linux 操作系统是一个免费软件，任何人都可以通过互联网免费得到它。

Linux 操作系统向 Windows 操作系统发起了冲击，Linux 操作系统在可扩展性、互操作性、易管理性和网络功能上都优于 Windows NT。随着 Linux 操作系统的发展，许多软件商和硬件商都宣布支持 Linux 操作系统，并纷纷开发 Linux 平台的软件和硬件，使得 Linux 操作系统逐渐成为主要的操作系统平台，在政府、商务、教育等领域得到了广泛的应用，用户队伍逐渐壮大。目前，我国的会计核算软件开发商在推出 Windows 平台上的财务软件的同时，也在尝试开发 Linux 平台上的会计核算软件。

（二）实用软件

会计信息系统除了要求在操作系统平台的支撑下运行外，还需要一些其他软件的支持，包括文件与数据管理软件、文字处理软件、图形图像处理软件、声音和语音处理软件、防病毒/防火墙软件、计算机语言编译与集成开发环境软件等。这些软件被称为实用软件，可分成四类，即数据管理与维护软件、图文（多媒体）编辑软件、系统开发工具和系统安全与防护软件。

1.数据管理与维护软件

会计信息系统产生的各类数据均存放在计算机系统的存储器中，一般的数据处理，如数据的备份与恢复等功能都集成在会计核算软件中。但若要对系统内的数据进行维护，还需要用专门的数据管理软件，如在会计核算数据的存储格式受到损伤时进行修补、对存储空间的文件进行整理等。数据管理方面的实用程序一般都由所安装的操作系统提供。

2.图文（多媒体）编辑软件

会计信息系统在工作期间可能需要对某些财务报告文件进行编辑。对多媒体文件的编辑要用对应的编辑软件。若在会计核算的账务处理过程中，不仅要对原来的文字进行输入与输出，还需要进行原始凭证的输入、输出以及语音处理等，那么相关单位可将对应的编辑软件嵌入会计核算软件系统中。

3.系统开发工具

系统开发工具常用于修补会计信息系统中的功能程序，或者增加其中的某些功能。若会计信息系统不能满足当前需要，那么在技术条件允许的情况下，相关单位可以对系统进行二次开发。选用的系统开发工具最好与原来开发会计核算软件的工具相同或版本更高。微软又在其系统开发环境中推出了 C#，用以代替 C++，并向 Java 等系统开发语言发起了新一轮的挑战。

4.系统安全与防护软件

目前，系统受到的安全威胁主要来自计算机病毒和计算机网络中的人为攻击，其中计算机网络中的人为攻击的情况更为复杂。会计信息系统的管理员应该及时发现问题并进行有效处理，使用系统安全与防护软件，实现规范的计算机安全管理。

（三）数据库管理系统

可用于开发会计信息系统的数据库管理系统有很多。过去，由于性能，微型计算机只能使用一些小型的数据库系统，如 dBASE 数据库、FoxBASE 数据库、FoxPro 数据库、Access 数据库等。现在，许多大型的数据库管理系统都能在微型计算机及其网络系统中运行，如 Sybase 数据库、Oracle 数据库、Informix 数据库和 Microsoft SQL Server 数据库等。

（四）计算机网络与通信软件

多数会计信息系统都需要通过局域网来工作，尤其大规模的集团公司，其工作范围更要突破地域限制。因此，局域网与互联网的连接，是目前网络计算的需要。计算机网络的组织方案有很多种，都需要配置相应的软件。但是，如何使得组网更方便、更灵活、更便于发挥会计信息化的作用呢？目前有两种技术，一种是无线局域网，另一种是蓝牙技术。

1.无线局域网

无线局域网可以极大地提高经济效益。据无线局域网协会的调查，应用无线局域网可提高 48%的生产率、6%的企业效率、6%的收益与利润，降低 40%的成本。无线局域网可以采用网桥连接、基站接入等不同的网络结构。无线局域网的接入可以解决在一定范围内企业各建筑物间的网络通信问题，减少网络对布线的需要及其相关开支，还可以提供灵活性更高、移动性更强的信息通道。

2.蓝牙技术

蓝牙是 1998 年 5 月由东芝、爱立信、IBM、Intel 和诺基亚共同提出的近距离无线数字通信的技术标准，是通过无线电通信技术，在一个有限范围内建立网络互联的手段。由于发射功率较小，蓝牙不会对其他区域的网络通信产生干扰。

蓝牙技术的有效传输距离一般为 10 cm～10 m，增加发射功率可达 100 m，甚至更远；收发器工作频率为 2.45 GHz。蓝牙技术的优点是可以支持语音和数据传输；可穿透不同物质，并在物质间扩散；抗干扰性强、不易窃听；不受频谱的限制，功耗低、成本低。

通过蓝牙技术组网，在办公室或有效通信范围内，会计信息系统工作可以免除布线工作，并且能在有效范围内自由移动。

第五节　财务会计管理信息化实践中的业务流程重组

一、流程再造理论

工业时代的典型特点是将企业的岗位分工细化，而信息网络时代则要求将过细的分工进行不断的综合和集成。例如，信息技术的发展促进了计算机集成制造，而计算机集成制造不仅使企业生产领域的分工失去了严格的界限，还使管理领域的分工变得模糊不清。因此，信息网络时代的企业组织管理架构正在朝着一个与工业社会相反的方向发展。由此可见，信息技术的使用虽然没有让个体失去个性化的特点，但个性化的特点却只能借助整个系统的协调体现。因此，计算机集成制造不仅是一个自动化的概念，它对企业商业活动的组织、职能机构的设置、各部门岗位人员的配置与职责分工都产生了革命性的影响。没有适应高度信息化要求的革命性变革，就不可能赢得网络时代的竞争优势。

在这种形势下，西方国家提出了"业务流程再造理论"，并将它引入到企业管理领域。研究者认为，企业必须重组业务，用信息技术的力量重新设计业务流程，使组织在成本、质量、服务和速度等关键指标上取得显著的提高。业务流程再造作为管理思想，诞生于 20 世纪 90 年代。由于站在新的视角去审视企业，并采用充满挑战和机遇的 1T 技术，业务流程再造已成为企业管理过程中必须要考虑的问题。

业务流程再造是指基于信息技术，为更好地满足顾客需要服务的、系统化的、改进企业流程的一种企业哲学。它突破了传统劳动分工理论的思想体系，强调用"流程导向"替代原有的"职能导向"的企业组织形式，为企业经营管理提出了全新的思路。对于业务流程再造的定义，不同的学者有不同的理解，但业务流程再造的基本内涵基本一致，即以作业为中心，摆脱传统组织分工理论的束缚，提倡顾客导向、组织变通、员工授权及正确地运用信息技术，达到适应快速变动环境的目的。其核心是"过程"观点和"再造"观点。"过程"观点，即集成从订单到交货或提供服务的一连串作业活动，使其建立在"超职能"基础上，跨越不同职能部门的分界线，以求重建管理作业过程；"再造"

观点，即打破旧的管理规范，再造新的管理程序，以回归原点，从头开始，从而获取管理理论和管理方式的重大突破。业务流程再造是对企业的现有流程进行调研分析、诊断、再设计，然后重新构建新流程的过程，它主要包括以下三个环节：

第一，业务流程分析与诊断。它是对企业现有的业务流程进行描述，分析其中存在的问题，并给予诊断。

第二，业务流程的再设计。针对前面分析诊断的结果，重新设计现有流程，使其趋于合理化。

第三，业务流程重组的实施。这一阶段是将重新设计的流程真正落实到企业的经营管理中。

二、传统财务流程的缺陷分析

面对信息技术和业务流程重组的挑战，以往的财务会计流程和传统的财务管理流程显然不能适应目前的实际情况。因此，深入分析传统财务会计业务流程的缺陷，对于改革财务会计流程、财务管理流程，用流程再造的思想指导财会人员重塑并控制流程具有重要的意义。

（一）财务流程基于落后的劳动分工思想

现有的财务流程是依据劳动分工思想建立的一种顺序化业务流程。当企业组织规模越来越大，业务越来越复杂时，为了有效地完成财务工作，企业按照劳动分工思想，将财务流程细分为财务会计流程和财务管理流程。其中，财务会计流程又分为原材料核算、工资核算、销售核算等相对独立的工作。当信息技术引入财务管理后，财务人员将信息技术应用到企业财务系统之中，但因为受到传统财务分工体系结构的束缚，信息技术并没有充分发挥自己的优势去重新设计财务流程，只是简单地模仿和照搬手工的流程，将一项项相对独立的工作搬到计算机中，并通过一个个相对独立的子系统（如存货核算子系统、工资核算子系统等）完成相应的工作。虽然这种"系统"将大量的财会人员从繁杂的劳动中解放出来，但是各个子系统仍然是彼此独立的"信息孤岛"，在根本上并没有改变传统的财务结构模式。

（二）传统财务会计流程难以满足信息时代管理的需要

在传统的会计体系结构中，财务会计仅采集企业业务流程的数据，而忽略了其中蕴含的大量管理信息。由于受到传统会计体系结构、思想和技术的制约，会计师并不采集业务流程的全部数据，而是先判断哪些数据影响了企业的财务报表，然后采集其中符合会计定义的资金流信息，这样做导致了同一经济业务活动的相关数据被分别保存在财会人员和业务人员手中，然后再在财务管理部门汇合。这种流程方式不仅使流程环节增加，还容易出现会计信息系统与其他系统数据不一致、信息隔阂和信息重复存储的情况。传统会计流程的最终结果——三张财务报表，限制了财务管理者得到的信息种类，财务管理者不能从多层次、多角度获得企业的财务状况和经营成果。

（三）传统财务流程无法满足实时控制的需要

任何企业的资金流都是伴随物流流动的，但传统财务会计流程反映出的资金流信息往往滞后于物质流信息；财务管理流程中的控制功能往往都是事后控制，使得企业无法从效益的角度对生产经营活动进行实时控制。这是因为会计数据通常是在业务发生后采集，而不是在业务发生时实时采集；会计数据加工是将滞后采集的数据进行过账、汇总、对账等；财务报告不能直接使用，必须经过若干道环节加工；传统财务管理更是因为技术的限制和经济的约束使财务控制仅仅是事后控制。在经济环境瞬息万变的今日，要想提高财务信息的有用性和控制力度，必须实现信息的实时性，但是传统财务流程的滞后性不能使财务管理者从中得到需要的信息，不能满足财务实时控制的需要。

三、应用流程再造重构财务流程的设想

传统的财务流程无法满足信息技术条件下财务管理的要求，企业应该根据业务流程再造的理论，仔细研究财务流程的具体内容和各个环节，从传统财务流程的缺陷出发，重构财务流程。

（一）打破传统财务会计流程

传统的财务会计流程，其入口往往是会计凭证。当一项经济业务发生时，财务人员要根据业务单据编制记账凭证，并将其录入到系统中，这种事后算账的方式，不能充分发挥信息系统的优势,无法支持事前财务计划、事中财务控制、事后财务分析。所以,企业要打破传统财务会计流程,建立财务业务一体化信息处理流程。

1.对业务事件的处理

当业务事件发生时,各业务子系统按照业务规则进行处理的同时,还要按照财务信息的规则生成会计凭证,并将结果存放到数据库中。

2.财务报告

企业所有的业务人员都可以通过报告工具自动输出所需结果。比如,财会人员可以驱动报告工具,按照财务管理需要自动生成不同类型的财务报告,以满足财务管理过程中各种不同决策所需要的信息。

这样的流程仅基于业务事件,而不是基于会计核算所需信息。新的流程可以根据财务管理的需要提供更完整、更有价值的信息,并将所有数据集成到一个数据库中,实时获取信息、实时处理信息、实时报告信息,做到所有数据出自一处,共同使用,各级管理者也可以实时、动态地获取信息,支持决策。

(二)将实时信息处理嵌入财务管理过程中

企业在执行业务活动时,将业务事件的相关信息输入到财务管理信息系统、财务决策信息系统中,通过执行业务规则和信息处理规则,生成集成信息,实现集成化财务管理。财务人员也将改变原有的管理方式,把财务工作延伸至各个业务部门,直接关注实际业务过程,实现实时控制事中业务并处理风险。

(三)使财务人员从信息处理者转变为业务管理者

在信息技术的帮助下,财务人员从财务日常信息的处理中摆脱出来,能够更好地关注企业的业务过程,实现管理的职责。过去,财务会计流程与业务流程相分离,而且只处理在业务过程中所发生事件的一个子集,但财务会计又是财务管理所需数据的重要提供者,这种状况会导致财务人员与业务管理人员脱节,无法发挥财务管理的管理职能。因为,若要解决业务问题,就要先了解企业的战略、业务过程、组织结构等多方面的情况。当财务人员忙于并仅能处理业务过程中所发生事件的"传统会计数据"时,无法获得其他信息,也就无法更好地进行财务决策,实现财务管理。因此,让财务人员参与、制定和实施整个业务处理,按照模糊或跨越组织界限的方法再造流程就显得尤为迫切。

第六节　信息技术对会计管理和财务管理的影响

一、对会计管理的影响

事业单位传统的会计核算模式是分散式的，由各单位财务人员独立完成会计核算工作，按期向财政部门报送会计报表，这种模式与相关技术的发展水平相适应。随着现代信息技术的发展，近几年出现了一种新的会计管理模式——集中管理模式。

（一）会计集中管理模式

随着计算机通信技术的快速发展和在社会各领域的广泛应用，事业单位的财务管理也受到了巨大的影响，特别是促进了集中管理模式的实际应用。例如，在财政国库改革中，采取了国库集中支付的方式，即由财政部门代表政府设置国库单一账户体系，将所有的财政性资金纳入国库单一账户体系收缴、支付和管理的制度。财政收入通过国库单一账户体系直接缴入国库；财政支出通过国库单一账户体系，以财政直接支付和财政授权支付的方式，将资金支付给商品和劳务的供应者或用款单位，即预算单位可以使用资金但见不到资金，未支用的资金均保留在国库单一账户中，由财政部门代表政府进行管理运作，降低政府筹资成本，为实施宏观调控政策提供可选择的手段。在会计管理领域，集中管理模式主要表现为虚拟型会计集中管理，即不成立专门的会计管理机构，而是通过集中管理各事业单位的财务数据，实现会计集中管理。计算机网络技术的引入，不仅使事业单位的会计核算实现了电算化，还导致财务数据的管理形成两种新方式：一种是大集中管理方式，另一种是分散集中管理方式。大集中管理方式是将各单位的财务数据统一存放在一个指定的服务器上，各单位的会计凭证制作、会计账簿查询等操作，都是在同一个数据库服务器上操作的，所有的财务数据也都实时地存储在这个服务器上。分散集中管理方式是将各单位的财务数据先存放在本单位的服务器上，以日或周为单位，定期上报给上级主管部门，与主管部门的服务器内数据进行同步处理；主管部门汇总各单位相关的财务数据，从而实现对财务数据的查询、分析等功能。

（二）信息技术在会计集中管理模式中的作用

会计集中管理模式在手工操作阶段是根本不能想象的，只有信息技术被广泛应用，才能通过会计集中管理模式对海量财务数据进行处理。因此，会计集中管理模式是以信息技术为支撑，随着信息技术的发展而不断改进完善的一种新管理模式。具体来说，信息技术在会计集中管理模式中的作用有以下几点：

1.有利于提升会计核算效率

计算机的发展和应用提高了工作效率；网络的应用使各事业单位内部、事业单位与上级主管部门之间的财务数据交换、比对等工作，可以快速地完成。

2.有利于行政管理的成本化

采取会计集中核算后，遏制了事业单位的花钱方式，降低了行政成本。财务人员通过计算机网络技术，可以随时监督各业务部门的日常活动，严格审核，切实做到了事前控制、事中监督。

3.有利于发挥会计监督职能

依托信息网络技术，事业单位的会计核算活动得到了有效控制，年度预算和财务会计制度也得以全面执行。实现账户集中管理后，分散在各单位的资金集中到一个基本户，其支出都通过这个基本户集中办理；会计凭证由专门的管理机构集中审核，不再是"暗箱操作"，而是在专门的管理机构监督下进行"阳光作业"。采取这种方式以后，各单位的财务纪律意识明显增强，超标准、超预算、随意性的支出明显减少，将不合理开支杜绝在了萌芽状态。

4.有利于加强行政收费管理

实施集中核算之后，企业采用了统一的软件系统，对收费项目、收费程序都有严格的硬性规定，加强了财务监管；各企业的罚款、收费等收入直接进入财政专户，减少了经手环节，从而达到了科学安排、统一调控、监督使用的目的。

5.加强会计核算手段

传统的财务预测、决策、控制和分析工作受手工计算的限制，只能采用简单的数学计算方法。在信息化环境下，更多更先进的方法被引入会计核算活动中，如运筹学方法、多元统计学方法、计量经济学方法等，甚至还有图论、人工智能。在传统的会计核算过程中，虽然使用过定理分析，但其并没有被广泛应用；信息化环境下，数据库管理系统的建立，尤其是相关业务处理信息系统的成熟，为财务管理定量分析提供了大量的基础数据。同时，利用工具软件可以轻松完成各项统计、计算工作，定量分析不再是专业人员才能完成的任务。

二、对财务管理的影响

以部门预算、国库集中支付和政府采购为例，各事业单位财务管理过程中的重点由事后会计核算转变成预算编制、预算执行、会计核算、会计决算共同发展，形成以预算管理为主线的财务管理新模式。在此背景下，事业单位的财务管理信息化工作也对财务管理新模式的形成起到了促进作用。

（一）对预算编制管理的影响

随着部门预算方式的改革，事业单位开始实行"零基预算"管理，各单位根据自身人员、资产和工作情况，结合财政部门确定的标准定额，编制年度预算。这种情况下，各单位的预算会计必须全面掌握本单位的各类信息，从而准确编制年度预算，为全年工作提供及时、充分的资金保障。在预算的编制过程中，预算会计还必须将支出科目细化。这些任务只有在信息技术的支撑下，才有可能在短时期内完成。

（二）对资金支付管理的影响

财政国库集中支付制度改革后，财政资金不再拨付到预算单位账户，而是保留在央行国库，但这并没有改变预算单位的财务管理和财务核算权限，反而在财政部门和预算单位之间建立起资金使用的制约机制。

（三）对财务核算管理的影响

随着国库集中支付制度改革的深化，事业单位的财务核算由事后静态核算转变成事中动态核算；核算业务活动的反映由定时转变成及时；财务报表和财务报告也突破了原有会计周期的限制，提供及时的财务数据，并向财政部门和事业单位内部及时传递财务核算信息、指标执行信息、指标结余信息等，极大地丰富了财务信息的内容，提高了财务信息的价值。

（四）对财务决策和预测管理的影响

随着财政部门加强对财政资金的宏观预测和经济效益考核，事业单位也必须加强对资金支出的决策和预测管理。具体来说，以计算机网络为工具，根据一定的数学模型，对财务数据进行综合性加工、分析和深层应用，逐步建立可以模拟人思维的辅助决策系统。事业单位通过智能型的辅助决策系统，可以对本单位下一年度的支出方案进行综合比较，并通过预算的编制和执行，达到解决资金支出、提高资金利用率的目的。

（五）对事业单位财务管理过程的影响

1.规范财务管理制度，建立有效的财务管理模式

随着信息技术在财务管理中被广泛应用，事业单位的管理模式、财务管理制度、预算管理制度等都发生了变化。在财务管理信息系统的实施建设中，根据事业单位的运作特点，可以制定统一的财务会计制度，规范财务核算方法和账务处理程序，提高财务信息的准确性、及时性、完整性。信息网络技术可以实时反映单位的业务和资金使用状况，避免出现财务信息滞后于业务信息的情况，从而实现对业务活动的有效监管。

2.消除财务信息沟通障碍，加强财务信息共享

在应用计算机网络技术后，事业单位可以进一步实现财务网络化管理，统一系统平台，打破以往阻碍财务信息沟通的壁垒，减少存在于事业单位内部及与上级部门之间的"信息孤岛"现象，做到管理控制在总体与局部上的高度协调一致，有效扩大管理范围，提高管理能力，增强财务信息的时效性、准确性。

3.实现对资金的实时控制和有效监管

事业单位的预算管理改革是合理开展财务监管工作的重要保证。通过信息化手段，有计划地对事业单位的资金划拨和费用支出进行规划管理，可以保证财政资金被有效使用，保障整个单位的工作正常开展。预算管理可以充分结合预算指标情况和单位实际需要，对资金划拨和费用支出进行计划、调整和变动，同时保证与之相关的计划自动相应地进行联动调整。

（六）对财务管理职能的影响

信息技术强化了财务管理的基本职能，即财务决策和财务控制职能。其中，财务决策是指根据事业单位的财务管理环境和制定的目标，运用科学的方法选择和确定实现财务目标的最优方案。受信息技术的影响，财务管理的环境发生了巨大的变化，各项决策活动都需要信息技术的支持，实现由感性决策向科学化决策转变。财务控制是指在决策执行过程中，通过比较、判断和分析，监督执行过程，并及时做出修正的过程。控制职能在信息化环境下得到进一步的强化，表现为控制范围扩展到事业单位财务管理的各个层面；控制手段借助信息化平台进行；控制实现从事后向事前、事中转移。

信息技术的广泛应用还衍生出财务管理的派出职能。主要包括财务协调职能和财务沟通职能。在信息化环境下，任何一个决策过程都可能涉及多个部门、多个领域，换句话说，随着部门间横向联系的加剧，必须用适当的手段实现部门间、各业务流程间相互协调和沟通，财务管理将更多地承担起这方面的职能。

第四章　会计信息系统的构成与建立

第一节　会计信息系统的构成

一、会计信息系统的划分方法

按单位类型划分，会计信息系统可分为工业企业会计信息系统、商业企业会计信息系统和行政事业单位会计信息系统。根据目前的发展趋势，会计信息系统的内部模块划分将越来越细，按照会计信息系统的服务层次划分，又可分为以下几种类型：

（一）核算型会计信息系统

一般由账务处理、销售及应收、采购及应付、存货核算、工资核算、固定资产核算、报表、领导查询等子系统构成，它注重对经济业务的事后反映。

（二）管理型会计信息系统

此系统不仅注重预算管理，还在执行过程中进行控制、对执行情况进行检查、对数据进行分析等，扩展了会计信息系统的职能，使其从简单的事后核算转变成事前计划、事中控制、事后核算和分析。

（三）决策型会计信息系统

它是在核算型会计信息系统和管理型会计信息系统的基础上，进一步为经营决策者提供帮助，使决策者做出科学的决策。

会计信息系统一般指核算型会计信息系统和管理型会计信息系统，而决策型会计信息系统常被归入企业决策支持系统之中。

二、按单位类型划分会计信息系统

（一）工业企业会计信息系统

工业企业的特点是它要对购进的商品（原材料）进行加工，使之成为产成品，然后在市场上销售。工业企业的特点决定了工业企业的会计信息系统的主要职能，即对其产、供、销的过程进行核算、反映和控制。因此，必须建立与生产过程有关的会计子系统。尽管不同的生产特点要求不同的核算方法，但其核算的内容却大同小异，所以其子系统划分的方法基本一致。

（二）商业企业会计信息系统的构成

商业企业主要从事商品的采购与销售工作，因此对材料、原料进行核算的工作很少，甚至没有。固定资产管理要求也比较简单，成本计算方法单纯，工作量少，但商品采购业务、存货管理、销售业务等方面的工作量较大。

（三）其他类型的会计信息系统

对不同定位的会计信息系统来说，它们之间有一定的差别，但基本模块大致是一样的，不同之处主要体现在管理的要求、模块的复杂度上。一般来说，账务、工资、固定资产、报表等模块基本可以共用，差异不是很大。专用性最强的是成本核算模块和其他一些根据管理特点设计的专用性模块。

三、会计信息系统中各个子系统的功能及关系

会计软件的基本结构是通过系统的功能层次结构来反映的，功能结构是指系统按其功能分层分块的结构形式，即模块化结构。一个系统可以划分出若干个子系统，每个子系统又可划分出多个功能模块，每个功能模块再划分出若干个层次，每个层次沿横向分

为若干个模块，每个模块都有相对独立的功能。一个子系统有一个独立完整的管理职能，在系统中有较强的独立性；一个功能模块完成的某一项管理业务，是组成子系统的基本单位；一个程序模块实现的某一具体加工处理，是组成功能模块的基本要素。各层之间、模块之间也都有一定的联系。通过这种联系，将各层、各模块组成一个有机的整体，从而实现系统目标。

大部分的会计软件按会计核算功能划分出若干个相对独立的子系统，由于系统每一部分的功能都简单明了且相对独立，因此各子系统的会计信息可以相互传递与交流，从而形成完整的会计信息系统。会计软件中可以相对独立地完成会计数据输入、处理和输出的各个部分，称之为会计软件的子系统。

一个典型的会计软件主要有账务处理、工资核算、固定资产核算、存货处理、成本核算、销售核算、应收及应付账款、会计报表、财务分析等子系统。根据行业的特点，也有将一些模块扩展深入或者简化合并，形成不同定位差异的会计信息系统。

（一）账务处理子系统

账务处理子系统是会计软件的核心系统，它以输入会计原始数据或电子记账凭证为基础，按会计科目、统计指标体系对其所反映的经济内容进行记录、分类、计算、加工、汇总，输出总分类账、明细分类账、日记账及其他辅助账簿、凭证和报表。账务处理子系统可以完成手工账务处理的记账、算账、对账、转账和结账工作，并生成日记账、总账和除各子系统生成的明细账之外的全部明细账。

账务处理子系统主要功能有初始建账，凭证的输入、修改、审核、记账、查询及汇总，日记账、总分类账及明细分类账生成、查询及打印，期末结账等功能。一些账务处理子系统还具备出纳管理、银行对账、往来账管理、部门核算、项目核算及相应的自定义核算项目等功能。其中，出纳管理包括收入管理、支出管理、出纳账处理等；银行对账包括对账单的输入和修改。

（二）工资核算子系统

工资核算子系统主要进行工资的修改、计算、发放，以及工资费用的汇总和分摊等工作。除此之外，工资核算子系统还可以生成工资结算单、员工工资发放条、工资结算汇总表、工资费用分配汇总表、票面分解一览表等，并自动编制工资转账凭证传递给账务处理子系统。部分工资子系统还有人事基本信息、考勤信息、工资历史信息等基本信息管理、工资代储、个人所得税计算、养老保险及个人收入台账等处理功能。

工资核算子系统主要功能有工资初始设置，员工工资基础资料编辑，工资增减变动及工资数据编辑，工资计算汇总，工资转账凭证生成，各种工资单、工资汇总表及发放表查询打印等。

（三）固定资产核算子系统

固定资产核算子系统主要用于对固定资产明细的核算及管理。该子系统可以完成固定资产卡片管理、固定资产增减变动核算、折旧的计提与分配等工作，生成固定资产卡片、固定资产统计信息表、固定资产登记簿、固定资产增减变动表、固定资产折旧计提表，并自动编制转账凭证供账务处理子系统使用。

固定资产核算子系统主要功能有固定资产卡片结构设置、固定资产分类编码设置、固定资产折旧方法定义、固定资产凭证定义、固定资产卡片输入及变动修改、固定资产变动资料输入、固定资产折旧计算、固定资产明细账查询打印、固定资产增减查询等。

（四）存货核算子系统

存货核算主要包括原材料和库存商品两类，具体工作如下：

第一，及时准确地反映采购业务的发生、货款的支付及存货的入库情况。在按计划成本计价的情况下，自动计算和分配存货成本的差异，生成采购明细账、成本差异明细账、在途材料明细表和暂估材料明细表。

第二，正确反映存货的收发结存数，提供存货的库存状况，及时反馈各种积压和短缺存货的信息，生成存货明细账、存货库存信息表等。

第三，根据各部门各产品领用材料（存货）情况，自动进行材料费用的分配，生成材料费用分配表。

第四，自动编制转账凭证传递给账务处理子系统和成本核算子系统。

存货核算子系统有四类功能，即存货库房管理、材料核算及其账务处理、材料采购发票处理、库存商品管理。

存货库房管理包括编码及类型的设置，库房及库位设置，出入库单据类型设置，材料盘点，各种出入库单编辑、复核及记账、查询，材料采购明细账、材料领用明细账、材料收发明细账等账簿的查询及打印，材料结存计算，结存表查询及打印等。

材料核算及其账务处理包括材料入库的账务处理、应付账款及应交税金的账务处理、材料付款的账务处理、暂估入账的账务处理等。

材料采购发票处理包括材料采购发票的输入、复核及记账，增值税发票抵扣明细表的生成、查询及打印等。

库存商品管理包括库存商品成本数据的转入、计算及输入，库存商品入库及出库处理等。

（五）成本核算子系统

成本核算子系统可以实现各种费用的归集和分配，及时准确地计算出产品的总成本和单位成本，并自动编制转账凭证供账务处理子系统使用。

成本核算子系统主要功能有产品目录结构设置；在产品成本初期，对产品产量等统计数据的输入；与成本有关的子系统费用数据归集，费用汇总分配，成本计算，产品成本汇总表、商品产品成本表及主要产品单位成本表的计算等。

（六）销售核算子系统

销售核算子系统一般要和存货子系统中的库存商品核算相联系，实现对销售收入、销售费用、销售税金、销售利润的核算，以此生成销售明细账、发出商品明细账、应收账款明细账、销售费用明细账、销售成本明细账、销售收入、税金、利润汇总表、销售利润明细表等，并自动编制凭证供账务处理子系统使用。

销售核算子系统主要功能有合同管理录入、查询、修改，往来单位编码管理，商品代码管理，人员编码管理，未核销业务初始录入，发票录入、修改及记账，收款单录入、修改及记账，应收账款自动及手动核销，应收账款总账及各种销售明细账、账龄分析表的查询及打印，销售转账凭证定义生成等。

（七）应收、应付账款子系统

应收账款子系统可以完成各应收账款的登记、冲销工作，动态反映各客户信息及应收账款信息，并进行账龄分析和坏账估计。应收账款子系统主要有以下功能：

第一，发票管理。将订单信息传递到发票，并按订单查询发票的功能，列出需要审核的发票，打印已经审核的发票，提供发票调整的审计线索，查询历史资料。

第二，客户管理。提供有关客户的信息，如使用币种、付款条件、付款方式、付款银行、信用状态、联系人、地址等。此外，还有各类交易信息。

第三，付款管理。提供多种处理方法，如自动处理付款条件、折扣、税额和多币种的转换，列出指定客户的付款活动情况。

第四，账龄分析。建立应收账款客户的付款到期期限，为客户打印结算单的过期信息，打印对账单。

应付账款子系统可以完成各应付账款的登记、冲销及分析预测工作，及时反映各流动负债的数额和偿还流动负债所需的资金。

应付账款子系统处理从发票审核、批准、支付到检查和对账的所有业务，它可以提供什么时候付款、是否付全额、是否有现金折扣等决策信息。应付账款模块与采购模块、库存模块完全集成，应付账款子系统主要有以下功能：

第一，发票管理。将发票输入系统后，可以验证发票上所列物料的入库情况，核对采购订单物料，计算采购单和发票的差异，查看指定发票的所有采购订单的入库情况等。

第二，供应商管理。提供物料供应商信息，如使用币种、付款条件、付款方式、付款银行、信用状态、联系人、地址等。此外，还有各类交易信息。

第三，支票管理。处理多种付款方式，进行支票验证和重新编号，将开出支票与银行核对，查询指定银行开出的支票、作废支票和打印支票。

第四，账龄分析。根据指定的过期天数和未来天数计算账龄，或者按照账龄列出应付款的余额。

（八）会计报表子系统

会计报表子系统是按国家统一会计制度规定，根据会计资料编制会计报表，向企业管理者和政府部门提供财务报告的系统。会计报表子系统可以完成各种会计报表的定义和编制工作，并进行报表分析和报表汇总。该系统生成的会计报表包括对外的会计报表和会计管理需要的会计报表。

会计报表子系统主要功能有新表登记，表格格式定义，报表变动单元数据来源及计算公式定义，报表编制及公式校验，报表合并、汇总、查询及输出等。有的会计报表子系统还具有财务分析的功能。

（九）财务分析子系统

财务分析是在核算的基础上对财务数据进行综合分析，不同的会计软件分析的内容也有所不同。财务分析子系统主要功能有预算分析、前后期对比分析、图形分析等。

（十）会计信息系统各子系统之间的关系

1.账务系统与其他子系统之间的关系

（1）总体关系

账务系统是会计信息系统的核心，其他系统是账务系统的补充。账务系统的主要作用是管理账簿和按科目分类指标。

（2）账务处理子系统与工资核算子系统之间的数据联系

工资核算子系统的主要任务是计算职工的应发工资、实发工资，代扣款项，分配工资费用等。工资核算涉及银行存款、应付工资、生产成本、制造费用、管理费用、销售费用、在建工程等科目，核算的结果通常以凭证的形式传递给账务处理子系统。

（3）账务处理子系统与固定资产核算子系统之间的数据联系

固定资产核算子系统的主要任务是管理固定资产卡片，反映固定资产增减变动，计提折旧，分配折旧费用等。固定资产核算涉及固定资产、累计折旧、在建工程、固定资产清理、制造费用、管理费用等科目。核算的结果通常以凭证的形式传递给账务处理子系统。

（4）账务处理子系统与存货核算子系统之间的数据联系

存货核算子系统的主要任务是反映存货的收、发、结存情况，归集材料成本差异、商品进销差价等，计算成本，结转各种发出商品的成本及差异。存货核算涉及原材料、物资采购、应付账款、生产成本、制造费用、管理费用、材料成本差异、商品进销差价等科目。核算的结果通常以凭证的形式传递给账务处理子系统。

（5）账务处理子系统与销售及应收、应付账款核算子系统之间的数据联系

销售及应收、应付账款核算子系统的主要任务是核算销售收入、应付的税金及应收款项。在核算过程中，要生成记账凭证传递给总账系统。同时，销售及应收、应付账款核算子系统还要给现金银行核算子系统传递数据，现金银行核算模块在收到款项后会核销相应的对应款项。因此，业务核算模块不仅与财务处理子系统有联系，彼此之间也存在联系。

（6）账务处理子系统与报表子系统之间的数据联系

报表子系统编制上报的会计报表，其数据基本能从账务处理系统各科目的余额、本期发生额、累计发生额、实际发生额等数据项目中获取。内部管理用的报表比较复杂，可以从账务系统中取数，也可以从其他子系统中取数。例如，可以从销售及应收、应付

账款子系统中取数，以编制销售明细表。

2.存货子系统与其他子系统之间的联系

存货子系统从采购及应付子系统中获得存货增加的数量及取得的成本，以反映存货数量的增加数和购进存货的成本。存货子系统从销售及应付子系统中获得存货发出的数量，以反映存货数量的减少数。存货子系统在取得存货的增加和减少数量后，才能得出期末存货的数量，从而取得购进存货的成本，正确地算出已销售出库存货的成本和期末存货的成本。存货子系统要将售出的商品（或者因其他原因出库的商品）的成本数据以凭证的形式传递给账务处理子系统。

3.销售及应收、应付账款核算子系统和其他子系统之间的联系

销售及应收、应付账款核算子系统要将销售商品的数量转给存货子系统，以便存货子系统在期末时正确地算出销售成本并进行成本结转。同时，销售及应收、应付账款核算子系统应将收款项数据传入现金银行子系统，以便现金银行核算模块在收到款项后对相应的应收款项进行核销。销售及应收、应付账款核算子系统要将销售收入及应付税金的数据以凭证形式传递给账务处理子系统。

第二节　会计信息系统的模式

一、会计信息系统在组织上的差别

会计手工业务是一个比较规范的系统，主要表现在有规范的会计准则、会计制度，并按业务分为账务与报表、工资、固定资产、往来、采购、成本、销售等。一些规模较大的企业在组织具体业务时，还会按资金、成本、综合、销售、财务等业务分工设置部门；一些中等规模的企业只成立不分下属部门的财务管理部门；而一些小企业只成立会计室，招聘一两个会计人员；再小一些的企业则请兼职会计人员或代理记账公司完成会计核算工作。因此，影响会计信息系统的因素主要有以下几个方面：

（一）规模的大小

规模主要包括人数、固定资产规模、产值产量、销售业务量、管理的组织模式。在不同的规模下，会计的业务量不同，会计的要求也不同。比如，在小规模的企业里，主要是手工作坊式的管理，会计业务量不大，只需要完成账务和报表的处理，只有几个会计人员，或者一个会计人员。

（二）会计业务的组织形式

随着规模的扩大，业务需要重新分工，规模越大，分工越细。一般是按业务内容分成几个组（室、科、处），在每个组内又按业务内容重新分工，由若干人共同完成。

（三）单位内部的组织形式

会计信息化的物理组织模式一般分为两种：一种是集中核算组织模式，在这种组织模式下，各业务核算部门的房间一般都相邻；另一种是分散组织模式，在这种模式下，某些核算科室相距较远。

（四）对业务分析的要求

不同规模的企业对业务分析的要求也不同。小规模企业，由于业务量小，数据不多，并不需要计算机辅助分析和管理，会计信息化的目的主要是用计算机替代手工记账和完成报表的编制工作；中等规模的企业，业务分工较细，需要各个核算模块辅助会计核算；大规模的企业，数据量较大，业务分工更为详细，对会计提供信息的速度和质量都有较高要求，业务核算部门之间往往有一定的距离，必须有各种核算模块辅助整个会计核算。

二、实施会计信息系统的层次

（一）基本应用层

基本应用层主要是账务和报表的应用，工资、固定资产等业务核算占比很小，也很简单，一般不用单独核算，只需设立辅助账进行核算。

（二）核算应用层

核算应用层主要是账务与报表、工资、固定资产、材料采购、往来、成本和销售的核算。其主要任务是完成日常会计核算，基本实现会计信息化。

（三）管理应用层

一些大中型企业，经济十分复杂，数据量大，光凭人脑已难以分析。在这一层上，主要是对核算后生成的数据进行分析，基本方法是通过对比、差额、比率和应用一些分析模型进行资金、成本、利润等的分析和管理。在应用模块上，需要全面预算、资金管理、资产管理、合并报表等。同时，还需要和企业资源计划一体化，实现生产经营、财务管理的集中管理。

（四）决策支持应用层

决策支持系统是为克服管理信息系统的不足而发展起来的直接针对决策层，为中高级领导提供有效决策支持的信息系统。会计决策支持系统是决策支持系统的一个分支，模型库中主要存放预测、计划、分析、投资等方面的基本模型。

三、会计信息系统模式

（一）小规模会计信息系统

小规模会计信息系统以账务为核心，主要完成记账、算账、报表等核算工作。对于固定资产、材料等只设辅助账核算，而工资等一般使用一个通用的处理软件进行辅助计算。

在技术上，一般就是单机或几台机器构成的简单小型网络系统。

（二）中等规模会计信息系统

中等规模会计信息系统包括会计信息系统各个核算模块，其主要目的是进行核算工作和基本的分析与管理工作。

在技术上，一般是一个较大的局域网络系统，或者跨地域的管理系统。

（三）大规模会计信息系统

大规模会计信息系统功能复杂，数据量大。在网络系统下，既要求充分实现数据共享，又要求各业务核算岗位能独立处理，有的还有并账和合并报表、全面预算、资金管理等模块的要求。

在技术上，一般是基于互联网的跨地域系统，通过数据大集中的方式，实现分布式业务处理与集中管理。

四、会计信息系统的物理组织模式

（一）单机组织模式

单机组织模式是在一台计算机上运行会计信息系统。这种模式的优点是维护简单，投资少，适用于业务量不大的企业；缺点包括：

①不方便。每次仅能一人上机处理数据。

②实时性差。不能同时处理多项业务。

③信息的共享性差。已生成的会计信息，仅能在一台计算机上使用。

④业务量大的企业不适用。一台计算机能处理的会计业务项目、会计业务有限。

（二）多用户组织模式

多用户组织模式是以一台高档微机为主机（也可用大中型计算机），另根据需要连接若干终端实现数据的集中处理。这种模式的优点是维护简单，可靠性高，投资也较少，能够实现会计数据的实时处理；缺点是运行效率受主机影响较大，挂接的终端数量有限制，而且只要主机有问题，就会全部瘫痪。这种模式适用于业务处理量不是很大的企业。如果主机采用大中型计算机，则能实现大中型规模应用，但相应的投资和维护费用就会大大提高。

（三）网络组织模式

网络组织模式是以一台高档微机为服务器，另根据需要连接若干工作站。这种模式的缺点是投资相对较高，维护难度相对较大。优点包括：

①所有处理过的数据都存放在服务器内，可以共享。

②实时性好，可多人同时对一项业务或多项业务进行处理。

③会计业务之间的联系体现在一套会计软件系统中，充分体现出会计是一个信息系统的特点。

④适应性较强，工作站的数量可以达到几百甚至上千个。

⑤可通过互联网或专线实现局域网之间的连接，实现一个较大的网络数据处理系统。对于大型企业和跨地区的企业，它都是一种比较好的组织模式。

五、集团会计信息系统模式

集团结构的组织是一种垂直模式，由基层单位、中间单位的会计信息系统和集团会计信息系统构成。

在集团会计信息系统中，全面预算和资金管理属于业务运行管理和监控系统，其主要管理内容如下：

（一）全面预算

企业编制适合企业自身的预算，满足管理者的需求，同时起到责权利均衡的作用。全面预算管理是由一系列预算构成的体系，各项预算之间相互联系，关系比较复杂，很难用一个简单的办法准确描述。全面预算管理是以企业的经营目标为基础，将销售额作为出发点，进而延伸到生产、成本、费用和资金收支的各个方面，最后编制出整体预算。全面预算的特点是以销定产，使预算的每一个部分、每一项指标都围绕着企业经营决策所确定的目标利润来制定。具体编制全面预算时，应先编制营业预算和专门决策预算。在营业预算中，应先编制销售预算，然后依次编制生产预算、直接材料预算、直接人工预算、制造费用预算、期末存货预算、销售及管理费用预算等，同时编制各项专门决策预算，最后根据业务预算和专门决策预算再编制财务预算。各项预算相互牵制、互为因果。

（二）资金管理

作为集团企业，资金的管理极其重要，主要包括以下几方面：

第一，加强资金预算和资金分析。对开户单位的资金流动做到事前预算、事中控制和事后分析。利用先进的计算机信息技术，自动生成资金日报，加强资金分析，辅助领导科学决策。

第二，有效地利用资金沉淀，降低财务费用；通过资金运作，发挥集团资金效益。

第三，优化流程，提高效率。简化业务流程，将结算中心的业务前移，提高结算中心的工作效率。

第四，加强资金监控。对资金使用情况进行全过程的监控，确保资金安全运行。

第三节　会计信息系统的基本要求

在传统手工记账模式下，由会计核算人员具体执行规章、制度和方法，上级部门、审计部门、税务部门来进行检查。实施会计信息系统后，原来处理数据的环节由计算机代替，而且是程序自动处理，十分隐蔽。为此，我国经过多年的探索，建立了会计软件的基本评估体系，以确认会计软件是否满足相关要求。

一、对会计信息系统基本要求的含义

对会计信息系统的基本要求，就是指会计软件的设计应该达到的基本要求。为什么要对会计软件做最低限度的要求，而不给出高标准的要求呢？主要原因有以下几个方面：

首先，这是由行政法规的性质所决定的。制度规范只能是各单位普遍达到的最基本要求。

其次，很难确定标准的上限要求。一方面，会计软件的研制技术及相关的科学技术在不断发展；另一方面，一些理论问题还存在着很多分歧，而行政法规不宜把目前还不能普遍做到的或有争议的问题作为规范固定下来，以免影响行政法规的可操作性。

因此，基本要求可以理解为会计软件的合法性要求。一个会计软件如果达不到这些要求，就不能说是合法的。

二、对会计信息系统的基本要求

会计信息系统是一个数据处理系统，从会计软件的整个运行过程来看，可分为输入、处理和输出三个阶段。输入阶段，操作人员将经过审核的原始凭证或记账凭证输入电子计算机；处理阶段，计算机对输入的数据自动进行处理，登记在机内账簿，生成相应的报表和资料；输出阶段，计算机将会计账簿、报表等会计信息通过打印机、显示器等设备输出。会计软件和相应数据的安全、可靠是软件运行的基本保证，贯穿于从输入到输出的全过程。

（一）总的要求

会计软件不同于一般的软件，由于会计数据的特殊性，会计软件的设计必须符合我国法律、法规、规章的规定，保证会计数据合法、真实、准确、完整，这有利于提高会计核算的工作效率。

会计软件应当按照国家统一会计制度的规定划分会计期间，以此来分期结算账目和编制会计报表。由于中外合资企业和部分特殊企业需要按其他会计期间提供数据，因此会计软件应根据用户需要具备可以提供参考性会计资料的功能。

会计软件在设计性能允许的范围内，不得出现由于自身原因造成死机或者非正常退出等情况。

（二）会计数据的输入

1.输入的手段

会计软件的会计数据输入采用键盘手工输入、介质转入和网络传输等几种形式。

2.初始化功能

（1）输入会计核算所必需的期初数据及有关资料，包括总分类会计科目和明细分类会计科目名称、编号、年初数、期初累计发生额及有关数量指标等。

（2）输入需要在本期进行对账的银行对账单。

（3）选择会计核算方法，包括记账方法、固定资产折旧方法、存货计价方法、成本核算方法等。

（4）定义自动转账凭证（包括会计制度允许的自动冲回凭证等）。

（5）输入操作人员岗位分工情况，包括操作人员姓名、操作权限、操作密码等。

（6）初始化功能运行结束后，会计软件必须提供必要的方法，以此正确校验初始数据。

3.合法性要求

会计软件中采用的总分类会计科目名称、编号方法，必须符合国家统一会计制度的规定。

会计软件应当具备输入记账凭证的功能，输入项目包括凭证日期、凭证编号、经济业务内容摘要、会计科目或编号、金额等。输入的记账凭证的格式和种类应当符合国家统一会计制度的规定。

4.正确性检查

记账凭证的编号可以由手工输入，也可以由会计软件自动产生。会计软件应当对记账凭证编号的连续性进行控制。

在输入记账凭证过程中，会计软件必须提供以下提示功能：

①确认正在输入的记账凭证编号是否与已输入的机内记账凭证编号重复。

②以编号形式输入会计科目的，应当提示该编号所对应的会计科目名称。

③正在输入的记账凭证中的借贷双方金额不平衡，或没有输入金额，应予以提示并拒绝执行。

④正在输入的记账凭证有借方会计科目而无贷方会计科目的，或者有贷方会计科目而无借方会计科目的，应予以提示并拒绝执行。

⑤正在输入的收款凭证借方科目不是"现金"或"银行存款"的，付款凭证贷方科目不是"现金"或"银行存款"的，应提示并拒绝执行。

5.会计数据的修改控制

会计软件应当提供对已经输入但未登记会计账簿的机内记账凭证（不包括会计软件自动产生的机内记账凭证）进行修改的功能。在修改过程中，会计软件应给出相应的提示。

会计软件应当提供对已经输入但未登账的记账凭证进行审核的功能，审核通过后就不能再对机内凭证进行修改。会计软件应当分别提供对审核（复核）功能与输入、修改功能的使用权限控制。

发现已经输入并审核通过的记账凭证有错误的，可以采用红字凭证冲销法或者补充凭证法进行更正。输入记账凭证时，红字可用"-"号或者其他标记表示。

（三）会计数据的处理

1.会计账簿

会计软件应当提供根据审核通过的机内记账凭证及所附原始凭证登记账簿的功能。在计算机中，账簿文件或者数据库可以设置一个或者多个。

（1）根据审核通过的机内记账凭证、计算机自动生成的记账凭证或者记账凭证汇总表登记总分类账。

（2）根据审核通过的机内记账凭证和机内原始凭证登记明细分类账。

（3）总分类账和明细分类账可以同时登记或者分别登记；可以在同一个功能模块中登记或者在不同功能模块中登记。

（4）会计软件可以提供机内会计凭证审核通过后直接登账或成批登账的功能。

（5）对机内总分类账和明细分类账进行登记时，应当计算出各会计科目的发生额和余额。

会计软件应当提供自动进行银行对账的功能。根据机内银行存款日记账与输入的银行对账单及适当的手工辅助，自动生成银行存款余额调节表。

2.会计核算方法

通用会计软件应当同时提供国家统一会计制度允许使用的多种会计核算方法，以供用户选择。会计软件对会计核算方法的更改，在计算机内应有相应的记录。

3.会计报表处理

会计软件应当提供符合国家统一会计制度规定的自动编制会计报表的功能和会计报表的自定义功能。会计报表的自定义功能包括定义会计报表的格式、项目、各项目的数据来源、表内和表间的数据运算和核对关系等。

4.结账

会计软件应当提供机内会计数据按照规定的会计期间进行结账的功能。结账前，会计软件应当自动检查本期输入的会计凭证是否已经全部登记入账，全部登记入账后才能结账。

（1）机内总分类账和明细分类账可以同时结账，也可以让处理明细分类账的功能模块先结账，处理总分类账的功能模块后结账。

（2）机内总分类账结账时，应当与机内明细分类账进行核对，如果不一致，总分类账不能结账。

（3）结账后，上一会计期间的会计凭证就不能再输入，而下一个会计期间的会计凭证自此才可以输入。

5.跨年处理

会计软件可以提供在本会计年度结束，但仍有一部分转账凭证需要延续至下一会计年度的第一个月或者第一个季度进行处理的功能。

（四）会计数据的输出

1.会计数据查询

会计软件应当提供对机内会计数据的查询功能。

（1）查询机内总分类会计科目和明细分类会计科目的名称、编号、年初余额、期初余额、累计发生额、本期发生额和余额等项目。

（2）查询本期已经输入并登账和未登账的机内记账凭证、原始凭证。

（3）查询机内本期和以前各期的总分类账和明细分类账簿。

（4）查询往来账款项目的结算情况。

（5）查询到期票据的结算情况。

（6）查询出来的机内数据如果已经结账，屏幕显示应给予提示。

2.会计账簿和报表的打印

会计软件应当提供机内记账凭证、机内原始凭证和会计账簿、会计报表的打印输出功能，打印格式和内容应当符合国家统一会计制度的规定。除此之外，会计软件还有以下功能：

（1）提供日记账的打印输出功能。

（2）提供三栏账、多栏账、数量金额账等各种会计账簿的打印输出功能。

（3）在机内总分类账和明细分类账的直接登账依据完全相同的情况下，总分类账可以用本期发生额对照表替代。

（4）会计软件可以提供机内会计账簿的满页打印输出功能。

（5）如果打印输出的机内会计账簿、会计报表是根据已结账数据生成的，则应当在上面打印一个特殊标记，以示区别。

3.会计数据的输出控制

根据机内会计凭证和已登记的相应账簿生成的各种机内会计报表数据，会计软件不能提供直接修改功能。

进行年度会计结账时，会计软件应当提供在数据磁带、可装卸硬磁盘或者其他存储介质上的强制备份功能。

（五）会计数据的安全

1.使用权限控制

会计软件具有按照初始化功能中的设定，防止非指定人员擅自使用功能和对指定的操作人员实行使用权限控制的功能。

2.可靠性控制

会计软件遇到以下情况时，应予以提示，并保持正常运行：

（1）会计软件在进行备份时，存储介质无存储空间或者存储介质未插入。

（2）会计软件执行打印时，打印机未连接或者未打开电源开关。

（3）在会计软件操作过程中，输入了与会计软件当前要输入的项目不相关的数字或字符，会计软件应当运行必要的加密或者其他保护措施，以防止被非法篡改。一旦发现程序文件和相应的数据文件被非法篡改，应当立即利用标准程序和备份数据，恢复会计软件的运行。

3.会计数据的恢复

会计软件应当具有在计算机发生故障或者由于强行关机及其他原因引起内存和外存会计数据被破坏的情况下，利用现有数据恢复到最近状态的功能。

第四节　商品化会计软件的选择

一、实现会计信息系统的途径

（一）购买商品化会计软件

购买商品化会计软件建立会计信息系统主要是指购置商品化软件厂家的通用会计软件，经过实施过程，建立起了会计信息系统。该方式有见效快、花费少、维护有保障、软件水平高、安全可靠等优点；缺点是不能一步到位地满足管理需要。

（二）自行开发与购买商品化会计软件相结合

自行开发与购买商品化会计软件相结合建立会计信息系统主要是指，结合商品化会计软件的优势，增加或补充商品化软件满足不了或不太符合本单位的功能，建立更为完善的、有一定针对性的会计信息系统。此种方法在部分大中型企业、行业可能会被采用。

（三）自行开发会计软件

自行开发会计软件建立会计信息系统是指，依靠本单位的力量或与其他单位联合开发本单位使用的会计软件，以此来建立会计信息系统。该方式具有可以满足本单位需求、有利于培养本单位的开发使用人员等优点，但也有周期长、对本单位人员技术水平要求高、开发成本高、软件水平不易上档次、维护频繁等缺点。此种方法在一些特殊行业，可能会采用，如部分银行。

二、商品化会计软件选择的步骤

在本质上，商品化会计软件的选择方法与会计软件的开发方法是一致的，因为要达到的目标是一致的，一般采用以下步骤：

第一，进行初步的需求分析，确定对软件的功能、安全性、可靠性及其他性能的要求。比如，确定账务模块应有建账、科目及编码增删改、记账凭证录入及复核、记账、结账、年终结账、账簿查询、数据备份与恢复、凭证及账簿打印等功能。

第二，对商品化软件厂家进行调查。了解有关商品化软件厂家所开发的会计软件的定位、功能模块、对设备和系统环境的要求、使用情况、维护情况等。

第三，选择几家商品化软件厂家进行调查，了解其产品。首先，通过网站了解有关情况；然后，通过阅读产品简介、观看产品演示，采用询问、讨论等方式，观察其是否能满足本单位的需求。比如，其对会计业务岗位的设置、对会计科目的编码方案等是否可以满足本单位的要求。

第四，确定 1～3 家的产品，再争取到其单位参观，详细了解产品的使用情况、对客户的服务情况、本地代理的维护能力等情况。

第五，具体招标，确定选择对象。确定软件模块、价格、付款方式、试用条件、后续维护、人员培训等问题。

三、商品化会计软件的评价

虽然对商品化会计软件的评价没有固定的指标，但需要了解的问题、范围及要求是相对固定的，是可以考查的，主要包括以下几方面：

（一）会计软件符合国家有关法规、制度要求的情况

会计工作要遵循全国统一的会计制度和其他财经法规中的有关规定，执行会计工作的会计软件也要遵守。同时，作为一种技术产品，会计软件还应满足国家对会计软件的管理规定，主要是满足财政部颁布的《会计核算软件基本功能规范》中对会计软件的基本要求。

（二）适用性

适用性主要是指会计软件适合本单位会计业务处理的性能，是否适用主要依据所作的需求分析。需求分析包括软件的功能是否满足本单位的要求；软件输出的信息是否满

足本单位的要求；软件要输入的信息，本单位是否能提供，方便与否；软件提供的接口是否能满足本单位进一步开展会计信息化工作的要求。如果使用单位是大型企业，因为其业务量大，不可能一人多岗，所以岗位设置应是一人一岗，这就要考查会计软件是否能达到该要求。

（三）通用性

通用性是指会计软件适合不同的企事业单位，包括纵向与横向两方面的通用性。纵向的通用性是指会计软件适应单位不同时期会计工作需要的性能；横向的通用性是指会计软件适应不同单位会计工作需要的性能。商品化会计软件在通用方面主要应考查以下几个方面：

第一，各种自定义功能是否能满足使用单位的要求。对于会计工作中不规范、变化较多的处理，通用软件一般都是通过自定义功能来实现通用的。例如，在通用报表生成系统中，应由使用人员定义数据来源、报表项目的算法、打印格式等。

第二，各种编码方案是否有由使用人员自定义的功能，即应有增、删、改等维护功能。例如，会计科目的分级数和每级科目的长度及编号应由使用人员按相关会计制度的规定自行设置，且对会计科目及其编码应有增、删、改等维护功能，以保证能适应核算内容的变化。

第三，对一些无法直接实现通用的功能是否设有可选功能，是否能满足通用要求。在一些功能无法直接实现通用的情况下，应增加可选功能，由使用单位选择所需功能，再由软件进行组合，以满足使用单位的要求。例如，成本核算就可设置定额核算法、平行结转法、分步法等各种成本核算的可选方法。单位按自己采用的成本核算方法设置软件中的成本核算方法。

第四，一些变化较多的算法可由使用人员自定义。例如，由使用人员自定义成本核算中的产品费用归集公式。

第五，软件系统初始设置及维护功能是否能充分设置本单位所需的各种初始数据。如建账的科目余额，是否能适应单位不同时期的要求，并进行各种非程序性的维护。

第六，会计软件是否提供了符合有关标准的对外数据接口。比如，哪些数据提供了数据输出和输入接口，提供了哪些形式的接口，等等。

（四）安全可靠性

安全性是指会计软件防止会计信息被泄露和破坏的能力；可靠性是指会计软件防错、查错、纠错，防止在会计工作中产生不正确的会计信息的能力。软件提供的各种安全性保证措施是否能有效地防止会计信息的泄露和破坏，应从以下几方面进行考查：

第一，是否有数据备份与恢复功能，并能有效地备份与恢复各种历史数据。

第二，是否有权限设置功能，并最大限度地保证各有关人员只能进行其权限范围内的工作。

第三，软件中是否采用了容错技术，以保证会计人员操作失误时及时发现和纠正错误。

第四，软件是否具有会计业务存在各种勾稽关系的特点，以便随时检查各种生成数据的正确性。

第五，对各种上机操作是否留有记录，以便随时追踪查询各种失误与破坏。

软件提供的各种可靠性保证措施结合起来是否能有效地阻止差错的发生，在发生时是否能及时查出并进行修改。

（五）易使用性

易使用性是指会计软件具有易学、易操作的性能。对它的主要评价有：用户操作手册的内容是否完整、通俗易懂；联机帮助是否充分；软件操作是否简便易学；软件操作过程中的难点是否设有辅助功能，辅助功能是否实用；软件提供的界面是否清晰，并符合会计人员的习惯；操作的关键环节是否有特别控制，如结账、删除往年数据等；软件是否按会计工作的需要由易到难等。

（六）先进性

先进性是指该软件在同类产品中的先进程度，包括安全性、可靠性、功能的完备性、通用性、运行效率、软件技术平台的先进性和软件设计的优良性等。先进性是企业选择商品化会计软件的原因之一，但对于会计工作，主要应考虑其实用性，即前五个评价标准。

第五节 ERP 与会计信息系统的关系

一、ERP 的发展过程

在 20 世纪 40 年代，由于计算机系统还没有出现，人们还不能利用计算机系统解决库存问题，为解决库存控制问题，人们提出了订货点法。到了 20 世纪 60 年代，随着计算机的出现和发展，使短时间内对大量数据进行复杂运算成为可能，人们为解决订货点法的缺陷，提出了一种库存订货计划方法，即物料需求计划阶段，或称基本 MRP 阶段。

随着人们认识的加深及计算机系统的进一步普及，到了 20 世纪 70 年代，MRP 的理论范畴也得到了发展。为解决采购、库存、生产、销售的管理，产生了生产能力需求计划、车间作业计划和采购作业计划理论，出现了闭环 MRP 阶段，是一种企业生产计划与控制系统。

到了 20 世纪 80 年代，伴随着计算机网络技术的发展，企业内部信息得到了充分共享，闭环 MRP 集合了采购、库存、生产、销售、财务、工程技术等子系统，发展成为 MRPⅡ理论，即制造资源计划阶段，是一种企业经营生产管理信息系统。

进入 20 世纪 90 年代，随着计算机网络技术的迅猛发展，统一的国际市场已经形成。针对国际化的销售和采购市场及全球的供需链环境，企业 MRPⅡ面临着需求挑战。由于 MRPⅡ系统仅包括制造资源，不包括面向供需链管理的概念，因此无法满足企业对资源进行全面管理的要求。在这种环境下，20 世纪 80 年代，MRPⅡ主要面对企业内部资源全面计划管理的思想，并逐步发展成为 20 世纪 90 年代怎样有效利用和管理整体资源的管理思想，企业资源计划（简称 ERP）随之产生。

ERP 是由美国加特纳公司在 20 世纪 90 年代初首先提出的。ERP 是一种面向企业供需链的管理，可对供需链上的所有环节进行有效的管理，这些环节包括订单、采购、库存、计划、生产制造、质量控制、运输、分销、服务与维护、财务管理、人事管理等。

二、ERP 与会计信息系统的关系

会计信息系统是 ERP 系统的一部分，但又有多种情况，使他们之间存在很大差别。就小企业而言，会计软件也就是指账务、报表、工资、固定资产等最基本的模块，一般称其为会计核算软件。规模稍大一点的企业，则要用到进销存模块和应收应付模块的软件，但这里的进销存主要还是立足财务角度，把账务、报表、工资、固定资产、进销存、应收应付等一起叫作会计软件。而 ERP 软件则还要包含生产制造等模块，ERP 软件也被称为企业管理软件等。实际上，独立的会计软件和 ERP 软件在设计思想、功能、技术、实施、应用、维护等方面存在很大不同，对管理的提升也大大不同。

第一，从范围上看，会计软件是 ERP 的一部分。一般情况下，ERP 软件按照模块可分成财务管理、销售管理、后勤管理（采购管理、售后服务管理和库存管理）、生产管理和人力资源管理等。因此，ERP 涵盖的管理范围比会计软件广，它对企业的整个资源进行有效的整合，使企业的资源能够得到最大范围的使用。会计软件是 ERP 中的一部分，可以单独使用或与其他模块紧密集成使用。

第二，从工作原理角度，会计软件因为主要针对企业业务进行核算和管理，因此核算前提是对各项业务单据进行编制，将其输入系统，系统再进行汇总和分析。会计人员大部分的时间仍然要面对烦琐的凭证录入工作，无法将时间用在管理工作上。在 ERP 中，企业的业务是以流程为导向，会计模块通过 ERP 中的自动凭证制作系统将这些流程紧密集成在一起，针对不同的业务类型自动触发会计业务事件，而这些会计业务事件对应的凭证已经预先定义了会计科目和相关参数，所以当业务发生时，系统将自动产生会计凭证，并自动记录有关账簿。会计人员的工作就是对这些凭证进行审核或由系统自动审核，这样可以大量地减轻会计人员的工作量，将时间集中在管理工作中。

第三，从会计软件与 ERP 核心的角度，会计软件的核心是总账，以此为中心设置了许多分类账，如往来账、存货账、销售账等，它从财务的角度将企业的活动资金化。财务信息十分重要，它是经营的成果数据，体现了企业的业绩和价值。财务信息的"结果"来源于产、供、销等活动。制造企业的核心价值是将低价值的原料通过生产加工，产出符合市场需求的高价值产品，再通过市场的分销渠道以适当的营销方式使用户接受该产品。制造企业通过物流的增值来实现自身的价值，围绕整个物流增值过程的供应链管理的核心基础是产品的属性（有关生产、计划、成本、财务、库存等）、产品的结构和产品的生产工艺。ERP 软件正是以此为核心，进行整个供应链的管理和规划，并通过凭证接口等方式与财务集成，将产、供、销等业务数据及时、准确地转化为会计所需要的信息，从而对企业的经营过程进行控制。

第四，从功能上，会计软件主要以核算为基本目的。从表面上看，会计软件已经能满足企业的会计核算要求。但是从深层次和管理角度看，管理人员或决策层更需要的是对各项业务进行分析的结果。比如，通过财务提供的销售收入、成本和销售毛利（如客户类型、产品、销售流向区域、销售部门、业务员业绩、计划等）来分析销售情况，如果只进行会计数据加工就无法完全满足此要求。ERP 软件以业务流程为导向，因此产生的各种会计数据能够与业务联系在一起，以进行不同层次的分析。

第五，从实施角度，会计软件实施相对简单，一般由开发商的分支机构或代理实施。也有由使用单位直接实施的，实施周期短，比如单体企业一两个月就可完成。而 ERP 的实施则较为复杂，一般由咨询服务机构等第三方实施，实施时间少则几个月，多则半年、一年，甚至几年；实施费用也较高，甚至超过了购买 ERP 软件本身的费用。从实施的风险角度，会计软件由于规范性较强，变化相对较小，所以实施的成功率很高，一般只存在应用深度问题，而不存在无法应用的问题。但 ERP 软件则不同，由于涉及的企业业务较多，而且关联性非常强，业务的变化容易引起整个应用模式的变化，实施的风险很大。就算是现在应用了，由于市场、业务、管理的变化也可能导致 ERP 软件无法运行下去。

第六，从应用角度，会计软件一般是区间性要求，如一天、一月、一年，而 ERP 软件则是实时性要求。如 24 小时连续生产，各环节要求同步。在实际应用过程中它们对人员的要求也不一样，会计软件涉及的人员较少，要求操作人员对计算机和自己的业务较为熟悉；而 ERP 基本上涉及整个企业的员工，还要求使用者对企业的整体情况有所了解，这样才能实现内部的协同工作。在应用成本上，会计软件应用费用主要是消耗材料和较少的服务费；而 ERP 软件一般有按年收取的软件更新费用，服务费用也比会计软件高得多。

第五章　财务会计信息系统维护

　　财务会计信息系统维护主要是指对财务会计信息系统软件和硬件系统的修正改造。通过系统维护，改正系统存在的错误或不足，完善系统的功能，使系统适应新的环境，保证系统正常运行。

第一节　财务会计信息系统维护概述

　　系统维护是软件生命周期的最后阶段，也是延续时间最长、费用投入最多的阶段。

　　系统维护是指为了保证系统正常工作，适应系统内、外部环境和其他相关因素的变化而采取的有关活动。系统维护的内容主要有系统软件维护、数据维护、代码维护、设备维护等。

一、系统维护的目的

　　财务会计信息系统维护的目的包括以下几个方面：

　　（一）维持系统的正常运行

　　财务会计信息系统正常运行的工作有数据收集、整理、录入，机器的操作运行，处理结果的整理和分发，系统的管理和有关硬件的维护，机房管理，空调设备管理和用户服务等。

（二）记录系统运行状况

记录系统运行状况是科学管理的基础，包括及时、准确、完整地记录系统的运行状况、处理效率和意外情况的发生及处理等。记录系统运行状况是进行系统评价的基础。

（三）有计划、有组织地对系统做必要修改

修改系统的原因有很多，主要包括管理方式、方法及策略的改变，上级的命令和要求，系统运行中出错的情况，用户提出的改进要求，先进技术的出现等。对系统的任何修改都必须非常小心谨慎，有计划、有步骤地执行。

（四）定期或不定期地对系统运行情况进行回顾与评价

定期或不定期地对系统运行情况进行回顾与评价，以确定系统发展和改进的方向，完善系统功能，使其适应新环境，可以正常运行。

二、系统维护的重要性

（一）系统维护工作是一项极其重要的工作

财务会计信息系统是一个比较复杂的系统。当系统内、外部环境发生变化时，系统要能适应各种因素的影响；当用户在使用过程中遇到一些以前没有发生过的问题，或者运行期间不断出现的新要求时，系统要通过二次开发予以解决。

（二）系统维护工作也是一项经常性的工作

在财务会计信息系统工作中，系统维护工作有很多。与此相对应的是，系统维护的费用也较高。财务会计信息系统的应用对象总是处于动态的变化之中，无论财务会计信息系统设计得如何周密、完善，在实施和运行期间都必然会产生偏差。因此，财务会计信息系统维护工作伴随着财务会计信息系统的诞生而产生、发展，直至生命的结束。具体地说，财务会计信息系统需要进行维护的原因主要有以下几个方面：

第一，会计制度、法规的变更。

第二，企业管理方式、方法的改变。

第三，会计处理过程或程序的变化。

第四，用户需求的不断增加。

第五，计算机软、硬件系统的更新换代。

第六，原系统有某些不完善或错误的设计。

三、系统维护的分类

财务会计信息系统的维护包括软件维护、硬件维护和使用维护等。

（一）软件维护

1.根据软件维护目的不同进行分类

（1）纠错性维护，即排除软件在运行中显露出的错误。

（2）适应性维护，即为适应外界环境变化而进行的修改。

（3）完善性维护，即为扩充功能或完善性能而进行的修改。比如，增加打印新的分析报表功能，改进数据组织或处理方法，缩短某个处理的等待时间等。

2.根据软件维护对象不同进行分类

（1）应用软件的维护。若处理的业务、数据或信息量等发生变化，则会引起应用软件的变化。应用软件的维护是系统维护最重要的内容。

（2）数据文件的维护。系统的业务处理对数据的需求是不断变化的，数据文件也要适应变化的情况，并进行适当的修改，增加新内容或新文件。

（二）硬件维护

硬件维护是指对计算机主机及其外部设备的保养，发生故障时的修复和为适应会计电算化软件的运行而进行的硬件调整等。

（三）使用维护

财务会计信息系统的使用维护包括初始化维护、系统环境维护、意外事故维护、计算机病毒的防治等。

第二节　财务会计信息系统的操作权限维护

　　财务会计信息系统加工、存储的是企业的重要经济数据，对这些数据进行的任何非法泄露、修改或删除，都可能给企业带来无法估量或无可挽回的损失，因此无论是对会计电算化还是对企业而言，安全保密性都是至关重要的。

　　财务会计信息系统的安全保密工作通常包括对操作人员使用系统功能的权限设置，以及对操作目标的权限设置两大部分。

一、操作人员的权限设置

　　出于对系统安全和数据保密的需要，不同工作内容、岗位和职位的财务操作人员的权力范围也不同。例如，凭证录入人员有权输入、修改凭证，但无权审核凭证，无权修改会计核算的方法，无权变更其他操作人员的名称、权限；部门经理有权查询有关账表，却无权更改凭证和账表。操作人员权限的设置方案必须认真制定，要从功能处理权和数据存储权两个角度来制定权限的设置方案，还要将计算机操作系统的安全机制与财务会计信息系统的操作权限结合起来，否则会给系统运行带来隐患。

　　操作权限设置的作用：①明确财务会计信息系统操作人员的注册姓名、代码及口令；②明确特定的注册代码、口令的权限。任何想进入财务会计信息系统的用户，必须输入注册姓名、对应代码及口令，只有三者的键入完全正确时，用户才能进入财务会计信息系统，否则将被系统拒绝。进入财务会计信息系统后，用户也只能执行授权（权限）范围内的相关功能，如对财务会计信息系统中的各种账表进行的凭证输入、记账、编制会计报表等相应操作。

二、操作目标的权限设置

操作人员的操作目标是系统中的文件,具体对应财务会计信息系统,换言之,就是系统记录和表达经济业务数据的各个文件。操作目标的权限设置就是指通过对不同类型的文件或目录设置适当的属性,约束或限制删除、改名、查看、写入及共享等操作,以达到保密、安全的目的。对于某个特定的操作目标,一般可进行的权限设置包括管理员权限、只读文件权限、写文件权限、建立新文件权限、删除文件权限、修改文件权限、查找权限和修改文件属性权限等。根据用户代码、口令级别的不同,以上权限可全部或部分授予用户。

文件的属性有很多,且有些还可对网络用户发生作用。在常用的计算机操作系统中,用于保密安全的有以下属性:

(一)只读属性

如果文件具有只读属性,则只能读取该文件,不能修改或删除该文件的内容。因此与该属性相对的是读写属性,具有读写属性的文件可以被用户读取、写入、改名及删除。

(二)隐含属性

如果文件具有隐含属性,则文件在文件名列表中不会显示出来,因此不知道该文件名字的用户,就不能感知该文件的存在。

(三)系统属性

如果文件具有系统属性,即为系统文件,则不会在列表清单中显示出来,这样可防止文件被删除或被拷贝。

以上各类权限既可单独使用,也可配合使用,在实际工作中,通常是配合使用。配合使用时需注意:文件保密性优先于用户等效权限。以只读属性为例,如果文件是只读文件,则不论用户等效权限如何,用户对该文件只能读,不能写、换名或删除。在网络化的财务会计信息系统应用中,以上诸属性尚达不到系统安全的目的,应当使用一些安全级别更高的操作系统。

第三节 财务会计信息系统运行维护

财务会计信息系统运行维护，主要是指为保证系统正常运行而对系统运行环境进行的常规工作或采取的措施，包括外界的物理环境及系统内部环境。

一、系统运行环境维护

财务会计信息系统要想可靠地运行，必须要有良好的外界环境。由于人们对不良环境可能对计算机系统造成的危害认识不足，当计算机发生物理损坏、程序出错、数据丢失、输出结果异常时，就需要从计算机运行的外界环境找原因。

（一）外界环境的影响因素

计算机所处的外界环境主要受到供电电源、温度、静电、尘埃的影响。

1.供电电源

计算机对供电质量和供电连续性的要求很高，它要求连续的、稳定的、无干扰的供电，俗称"清洁"电源，若直接使用普通的工业供电系统给计算机系统供电，则存在以下三个主要问题：

（1）供电线路环境噪声。输电网的电力调节、电力设备的启停、闪电、暴雨等均可产生电噪声干扰和瞬变干扰。据统计，这类干扰占典型不良供电环境影响的90%，而计算机50%的错误都是由这类干扰引起的，受到这类干扰的计算机轻则程序出错、数据丢失，重则芯片损坏。

（2）电压波动。电压波动既可以是瞬间波动，也可以是较长时间的过压或欠压供电，如照明灯的忽明忽暗，就是电压波动的表现。无论是瞬间波动或过压、欠压供电，都会对计算机产生冲击电压或浪涌电压，进而使计算机出错或损坏。

（3）停电。停电既可以是停止供电，也可以是瞬间断电。从宏观角度看，瞬间断电时供电并未停止，只是在某一瞬间断了电，然后又马上恢复了。对于瞬间断电，人们往往不熟悉，也不易察觉，但计算机对此却十分敏感。无论是突然停止供电还是瞬间断电，都会产生严重的后果，甚至有可能损坏或损伤硬盘。

2.温度

不良的环境温度会严重损害计算机的存储器和逻辑电路，加快电子元件的老化。因此，计算机禁止在低于 5℃或高于 35℃的环境下使用或存放。经验表明，温度过高就会大大增加存储器丢失数据和使计算机发生逻辑错误的机会。过低或过高的温度还可能使硬盘"划盘"，并遭受损坏。

3.静电

积累在物体上的静电荷，会对计算机造成严重破坏。人们在地毯上行走可产生高于 1.2 万伏的静电，在正常温度范围内，即使是在乙烯地板上走动也可产生 4 000 伏静电。已得到证实的是，仅仅 40 伏的静电就可使计算机产生错误。静电与湿度有着密切的关系，如果室内相对湿度低于 40%，那么静电的危险性就会大大增加；如果湿度高于 60%，则又会增加凝聚的危险性，引起电接触不良，甚至腐蚀或引起电子器件短路。

4.尘埃

灰尘不仅是软盘和磁头最大的敌人，也是其他计算机设备最大的敌人。

（二）外界环境的改善与维护

为改善、维护财务会计信息系统的外界环境，应建设财务专用机房并安装空调，保持室内清洁和适当的湿度，有条件的还应装防静电地板。对于供电电源，必须做到以下几点：

第一，采用专用干线供电，线路上不安装其他大型用电设备。

第二，计算机应接入同一供电线路或电源，并统一接地，以减少电源相位差所产生的噪声。

第三，所有计算机与终端都应装上分开关，以减少使用统一开关所产生的浪涌电压。

第四，在电源后面安装具有滤波和隔离功能的电源稳压器，以抑制瞬变干扰、冲击电压、浪涌电压的危害，使电压稳定。

第五，在稳压电源后面接入不间断电源，以保证突然断电时有充足时间采取必要的防护措施。

二、系统内部环境维护

系统内部环境是指财务会计信息系统运行的软、硬件环境，如果软、硬件环境不能满足要求或不匹配，系统也不能正常运行。

（一）硬件环境维护

对企业而言，硬件维护的主要工作是在硬件出现故障时，及时进行故障分析，并做好检查记录，由系统管理员与维护人员共同研究确定设备是否需要更新、扩充、修复，如果需要则应由维护人员安装和调试。系统硬件的一些简单的日常维护工作通常由软件维护人员兼任。以下是企业中较常见的硬件日常维护工作：

1.硬盘、内存的有关维护

会计电算化软件正常安装、运行需要较多的存储空间，即需要足够大的硬盘空间。在将会计电算化软件安装到硬盘上之前，一方面要检查并清除硬盘上的病毒，删除硬盘上不需要的文件、目录（或文件夹），并重整硬盘文件；另一方面，在会计电算化软件日常运行时，可以通过删除硬盘上已备份过的以前数据来缓解硬盘空间的不足，也可以通过关闭一些任务的窗口来释放内存空间。在常用的计算机操作系统中，要定期对其注册表进行维护，以提高系统的工作效率。

2.打印机、显示器的有关维护

财务会计信息系统运行中，经常需要对记账凭证、日记账、报表等进行查询和打印，查询结果需要通过显示器和打印机输出。不同的显示器和打印机有各自的驱动方式。目前，计算机的外部设备大多具备即插即用和热插拔的功能，但对于一些较陈旧的设备，或是比财务会计信息系统所用操作系统版本更新的设备，系统不能自动地正确识别。因此，会计电算化软件要正常运行，必须选择与之相适配的显示、打印驱动程序。

（二）软件环境维护

财务会计信息系统投入运行后，需要对系统的功能进行一些改进，这就是软件维护工作。软件维护与数据维护是系统生命周期的最后一个阶段，工作量最大，时间也最长。

对于使用商品化会计核算软件的企业，软件维护主要由财务会计软件公司负责，企业只负责操作与数据维护。财务会计信息系统数据维护的主要目的是使系统的数据映像能够准确地反映企业资金的历史状态、运行状态与现时状态。对于自行开发会计核算软件的企业，需设置专职系统维护员，负责系统的软、硬件维护工作。软件维护主要包括以下内容：

第一，正确性维护旨在诊断和改正使用过程中发现的程序错误。

第二，适应性维护是配合计算机科学技术的发展和会计准则的变更而进行的修改设置活动，如会计软件的版本升级、会计年度初始化、月初始化工作等。

第三，完善性维护是为满足用户提出的增加新功能或改进现有功能的要求而对软件进行的修改。相当多的企业受财力、人力所限，最初只在会计核算方面实现了电算化，但使用一段时间后，其希望将会计电算化范围扩展至会计计划、会计分析、会计决策等方面，这时就必须对原会计电算化软件进行修改和完善。

第四，预防性维护是为给未来的改进奠定更好的基础而修改软件。决定软件可维护性的主要因素是软件的可理解性、可测试性和可修改性，因为在系统维护前，只有理解需维护的对象才能对之进行修改；在修改后，只有进行充分的测试，才能确保修改得正确。

因此，在系统开发、维护过程中，要保留完整、详细的文档资料。对于商品化的财务会计软件来说，其应用系统的操作功能维护比较困难，一般应由软件生产商来进行。如果对现有系统的维护花费已超出或接近重新开发一个新系统时，企业就应报废现有系统，重新开发一个新系统。

第四节　计算机系统与网络安全维护

影响计算机系统与网络安全的因素很多，有的来自系统内部，有的来自系统外部，来自系统外部的安全隐患主要有计算机病毒和黑客的攻击。

一、计算机病毒的防治

计算机病毒是指在计算机程序中插入的破坏计算机功能或者毁坏数据，进而影响计算机使用，并能自我复制的一组指令或者程序代码。

（一）计算机病毒的特点

1.计算机病毒是一个指令序列

计算机病毒是程序，但不是一个完整的程序，而是寄生在其他可执行的目标程序上的指令序列。

2.计算机病毒具有传染性

计算机病毒能够主动地将自身的复制品或变种传播到其他对象上，这些对象可以是一个程序，也可以是系统中的某些部分，如财务会计信息系统的引导记录等。

3.计算机病毒具有欺骗性

计算机病毒通常寄生在其他对象上，当加载被感染的对象时，病毒即侵入系统。计算机病毒是在非授权的情况下利用其欺骗性而被加载的，此为"特洛伊木马"特征。

4.计算机病毒具有危害性

计算机病毒的危害性又称破坏性，包括破坏系统，删除、修改或泄露数据，占用系统资源，干扰系统正常运行等。此外，计算机病毒一般都比较精巧、隐蔽和顽固。计算机病毒侵入财务会计信息系统后一般不会立即发作，而是经过一段时间，满足一定条件后才产生作用，为其自我繁殖和破坏争取了时间。

（二）计算机病毒的判别

目前，理论上并不存在一种能自动判别系统是否感染病毒的方法，以下是一些计算机病毒发作时的常见现象：

①操作系统无法正常启动，丢失数据。

②能正常运行的软件出现内存不足的现象。

③通信和打印发生异常。

④无意中要求对可移动存储器进行读写操作。

⑤系统文件的时间、日期、大小发生变化，文件目录发生混乱。

⑥系统文件和部分文档丢失或被破坏。

⑦部分文档自动加密码。

⑧磁盘空间迅速减小，运行速度明显变慢。

⑨网络驱动器被卷或共享目录无法调用。

⑩屏幕出现一些不相干的信息。

⑪自动发送电子邮件。

⑫导致主板基本输入输出系统程序混乱，主板被破坏。

⑬收到陌生人发来的电子邮件。

⑭网络瘫痪，无法提供正常的服务。

（三）计算机病毒的防治措施

为了加强对计算机病毒的预防和治理，保护计算机信息系统安全，保障计算机的应用与发展，根据《中华人民共和国计算机信息系统安全保护条例》的规定，公安部制定了《计算机病毒防治管理办法》。《计算机病毒防治管理办法》指出，计算机信息系统的使用单位在计算机病毒防治工作中应当履行下列职责：①建立本单位的计算机病毒防治管理制度；②采取计算机病毒安全技术防治措施；③对本单位计算机信息系统使用人员进行计算机病毒防治教育和培训；④及时检测、清除计算机信息系统中的计算机病毒，并备有检测、清除的记录；⑤使用具有计算机信息系统安全专用产品销售许可证的计算机病毒防治产品；⑥对因计算机病毒引起的计算机信息系统瘫痪、程序和数据严重破坏等重大事故及时向公安机关报告，并保护现场。《计算机病毒防治管理办法》还指出，任何单位和个人在从计算机信息网络上下载程序、数据或者购置、维修、接入计算机设备时，应当进行计算机病毒检测。任何单位和个人销售、附赠的计算机病毒防治产品，应当具有计算机信息系统安全专用产品销售许可证，并贴有"销售许可"标记。从事计算机设备或者媒体生产、销售、出租、维修行业的单位和个人，应当对计算机设备或者媒体进行计算机病毒检测、清除工作，并备有检测、清除的记录。

计算机病毒使财务会计信息安全面对着巨大的挑战，特别是近年来，计算机病毒采用的技术越来越高明，并朝着更好地对抗反病毒软件和隐蔽自身的方向发展。计算机病毒采用的技术有对抗特征码技术、对抗覆盖法技术、对抗驻留式软件技术、对抗常规查毒技术和其他技术。为了对抗这些日益发展的病毒，反病毒软件也必须采用新的技术。

目前较为实用的有虚拟机技术、指纹识别技术、驱动程序技术、计算机监控技术、数字免疫系统、网络病毒防御技术和立体防毒技术等。

对于计算机病毒的防范，不仅要在思想上重视、管理上到位，还要依靠计算机病毒防治软件。通过建立合理的计算机病毒防范体系和制度，及时发现计算机病毒的侵入，并采取有效手段阻止计算机病毒的传播和破坏，恢复受影响的计算机系统和数据。从加强系统管理入手，制定切实可行的管理措施：安装病毒检测软件，对计算机系统做实时监控和例行检查；控制可移动存储器的流动，慎用不知底细的软件；对用户的权限和文件的读写属性要加以控制；尽量不要直接在服务器上运行各类应用程序；服务器在物理上必须绝对安全，不能让任何非法用户接触到该服务器；在互联网接入口处安装防火墙式计算机病毒防治产品；安装数据保护设备，如硬盘保护卡和加密控制器，保证系统软件和重要数据不被未经授权地修改；在外网单独设立一台服务器，安装服务器版的网络计算机病毒防治软件，并对整个网络进行实时监控；建立严格的规章制度和操作规范，定期检查各防范点的工作状态。针对当前的病毒威胁，最好采用主动病毒防护系统，为网络提供始终处于活动状态、可以实时升级的防病毒软件。当新的病毒出现时，该系统会立即对防病毒软件进行自动升级。

二、计算机网络安全维护

随着计算机互联网的发展，会计软件的运行环境也从单机系统变成局域网或者互联网。但无论是企业单位还是政府部门，只要将计算机系统接入互联网，就会感受到来自网络安全方面的威胁，就有可能遭受来自网络另一端的人为的恶意攻击。这些来自外部的攻击有可能使正常运行的系统遭受破坏；有可能窃取企业单位的机密数据；还有可能是某些高手的恶作剧。据统计，平均几秒就会有一个网站遭到入侵。

系统防范与非法入侵是一对不断斗争的矛盾双方，目前还没有一个系统能够十分有把握地宣称可杜绝入侵。电子商务和大型网站被攻击而引起的安全热潮，把信息安全推向了计算机应用的前沿。为了财务会计信息系统的安全，并使其能在电子商务活动中支持正常的经济业务和贸易，必须给企业网络系统构筑安全防线。为保证系统安全，需要在网络系统中安装适当的防火墙产品。

财务会计信息系统的管理员应该在安全检测、网络安全监控、链路加密、网页恢复等方面进行系统维护工作。具体的工作可以在事故发生前、发生中和发生后三个阶段进行控制。

事前阶段可使用网络安全漏洞扫描技术对网络进行预防性检查，及时发现问题，并模拟黑客的进攻，对受检系统进行安全漏洞和隐患检测；事中阶段的目标是尽可能早发现事故，及时中止事态的发展，将事故的损失降到最低；事后阶段要研究事故的起因，评估损失，追查责任，进行多层次、多方位、多手段的电子数据取证，以追查事故源头。

随着互联网的发展和应用的深入，黑客入侵事件变得越来越频繁，仅依靠传统的操作系统加固、防火墙隔离等静态安全防御技术已经无法满足现有网络安全的需要了。入侵检测系统是近几年发展起来的动态安全防范技术，其通过对计算机网络或系统中的若干关键信息的收集与分析，从中发现是否有违反安全策略的行为和被攻击的迹象。这是一种集检测、记录、报警、响应于一体的动态安全技术，不仅能检测来自外部的入侵行为，还可监督内部用户的未授权活动。

第五节　财务会计信息系统的二次开发

根据不断变化的市场及企业内部管理需求，企业亟须得到各种各样的、大量的、全方位的信息，特别是与经济业务有关的信息，以便对这些信息进行分析，为管理决策服务。在开发财务会计信息系统时，虽然已经考虑到使系统尽量满足用户的需求，但针对用户的特殊要求，以及企业内部与外部的条件和环境的变化，往往需要对会计电算化软件进行二次开发。若企业的财务会计软件是通过自行开发或委托开发人员为本单位定制的，对其进行的二次开发最好由开发系统的原班人马来完成。但是在这种情况下，往往不容易区分软件的维护工作与二次开发工作。对于商品化会计核算软件而言，为了方便用户的使用，提高会计核算软件的生命力，商品化会计核算软件在推出时，就十分重视用户对该产品二次开发的需求，并为此提供了若干二次开发的接口。由于商品化财务会计软件往往只提供可执行的二进制代码，因此对数据处理部分进行二次开发比较困难。为了使软件的功能不断满足发展和变化着的管理工作的需要，可以采取对软件产品进行升级的方法来达到二次开发的目的。商品化会计核算软件主要提供数据输入与数据输出两个方面的二次开发接口。

一、数据输入的二次开发

为了严格地执行会计核算制度，商品化会计核算软件的数据输入设计对操作的控制十分严格，其软件产品提供的输入界面与数据（记账凭证）输入的内部程序控制关系一般不允许用户自行修改。在商品化会计核算软件中，为了接收系统外部数据的输入，如接收来自材料核算子系统、固定资产核算子系统、成本核算子系统、工资核算子系统、产品及销售子系统等转入的机制凭证，以及数据的远程录入，软件产品一般会提供一个标准数据结构的缓冲区来存放这些外来数据。从外部输入的数据，首先将其预先存储在标准数据结构缓冲区中，然后经过该系统原先设计的数据输入通道，最后将缓冲区中的数据向账务处理系统导入。商品化会计核算软件就是应用这种标准结构方式，接收会计核算数据的脱机输入、支持记账凭证数据的多点采集、接收财务会计信息系统中各功能核算子系统产生并传送过来的机制记账凭证。

对于为满足系统的需要而二次开发形成新功能的子系统或子模块而言，其向会计核算账务处理系统的数据导入，也可利用缓冲区。

二、数据输出的二次开发

财务会计信息系统全面、完整地记录了会计核算数据，而如何用好这些数据，提高信息的利用率，是财务会计信息系统不断追求的目标。商品化会计核算软件为了方便用户，预先提供了一些样表，如资产负债表、损益表、现金流量表，以满足对标准会计报表的编制与输出。因为数据输出需要二次开发，所以需要许多不同格式的输出表格，以对会计核算系统中的数据进行直接分析。对于不同的数据需求方式，可以通过会计核算软件的自定义报表、数据导出、直接数据访问等方式得到财务会计信息系统二次开发所需要的数据。

（一）自定义报表

商品化会计核算软件一般都会给用户提供自定义报表的功能，其形式类似于电子表格。为了满足特殊的数据分析与输出需要，用户可以通过对报表格式、报表项目、取数公式进行定义的方式，自行设计新的报表格式。商品化财务会计软件系统也相应地提供一系列针对会计核算与分析应用的标准函数或子程序，以便于用户在构建取数公式时调用。

（二）数据导出

通常情况下，计算机应用程序都会提供数据导出功能，此功能一般可以通过该软件主菜单"文件"项目中的"另存为"实现。在商品化会计核算软件中，一般也提供数据导出功能。在常用的计算机操作系统环境下运行时，财务会计软件产品一般都采用开放式数据库互联数据协议提供数据导出功能，这样可以方便地将会计系统中的内部数据格式导出，并转换为电子表格、纯文本文件等格式。数据导出方式，一方面具有操作简便有效、输出的各种数据格式符合标准等优点。另一方面也存在一些缺点：用户需要开启商品化会计核算软件并进行交互式操作；操作人员指定并键入的数据输出文件名要符合要求；数据导出方式不利于通过程序控制、自动执行来完成财务会计信息系统二次开发所要求的数据处理功能。

（三）直接数据访问

只要知道系统数据的存储格式，就可以对商品化会计核算软件系统中的数据库进行直接访问和提取数据。为了保证会计系统数据的完整性，对数据直接访问时应严格避免对原系统数据的修改、删除等，仅保留数据操作的读取权。

为了使会计人员不仅会使用会计软件，还会对会计软件进行维护，综合利用会计核算软件系统的已有数据进行财务分析，在财务会计软件的基础上进行二次开发，许多会计软件的产品技术手册中，会对最终用户公布会计核算软件的数据处理流程、主要功能程序的模块结构、数据存储结构等技术资料，以便最终用户对财务会计信息系统进行更高水平的应用。

第六章　信息化背景下财务会计数据分析

近年来，随着我国社会主义市场经济的不断发展和经济管理体系的不断完善，企业数量不断增多，市场规模逐渐扩大，财务会计作为企业的重要核算中心，其工作质量和工作效率在一定程度上影响了企业的发展。在当前激烈的市场竞争环境下，为保证企业的长期稳定发展，财务会计工作者需要从海量的数据信息中提取那些企业所需的准确可靠的会计信息。因此，提高财务会计数据分析能力，保证数据结果的准确性和科学性，对企业的发展至关重要。

第一节　财务会计数据处理与分析

一、财务会计数据与会计信息

数据是指从不同的来源和渠道获得的原始资料。一般来说，数据并不能作为人们判断并得出结论的可靠依据。数据包括数字数据与非数字数据。在会计工作中，从不同的来源和渠道获得的各种原始会计资料被称为财务会计数据。比如，某日仓库的进货量和金额，某日某零件的生产量等。财务会计数据反映的各种内容，通常体现在对外会计报表中。

会计信息与财务会计数据是两个紧密联系而又有区别的概念。会计信息是通过对财务会计数据的处理而产生的，财务会计数据只有按照一定的要求或需要进行加工处理，生成会计信息后才能满足管理者的需要，为管理者所用。有的财务会计数据对一些管理者来说仅是会计信息，对另一些管理者来说则需要对其进一步加工处理，才能使之成为会计信息。例如，某车间某月某部件的成本资料，对车间的管理员来说是会计信息，但对企业领导来说，仅是财务会计数据。

二、财务会计数据处理

（一）数据的处理

数据处理是对数据进行各种计算、逻辑分析、归纳汇总，使之转化成有用的信息的过程。数据处理方法因其处理的对象与所要达到的目标不同而千差万别。数据处理方法一般有变换、排序、核对、合并、更新、抽出、分解、生成八种，这八种操作是数据处理中最基本的加工操作。现代数据处理系统已经引入了各种技术手段，如采用预测技术、模拟技术等对数据进行更高水平的加工。

（二）财务会计数据的处理

财务会计数据处理是指对财务会计数据进行加工，生成管理所需的会计信息的过程，一般要经过采集、录入、传输、加工、存储、输出等环节。财务会计数据处理不仅包括为提供对外报表所进行的一系列记账、算账、报账等工作，还包括在此基础上为提供控制、预测、决策所需的会计资料而进行的处理工作。财务会计数据处理是会计工作的重要内容之一，是进行其他会计工作和管理工作的基础。财务会计数据处理有手工处理、半手工处理、机械化处理、电子计算机处理四种方式。

（三）财务会计数据处理的特点

财务会计数据处理具有如下特点：

第一，数据来源广泛，连续性强，数据量大，存储周期长，类型较为复杂，输入时要进行严格的审核。

第二，准备处理的财务会计数据准确性要高。

第三，信息输出频繁且信息量大，输出形式多种多样。

第四，环节较多，处理步骤重复，处理过程必须符合会计制度和法律、法规要求，方便审计。

第五，各种证、账、表作为会计档案要长期保存，以方便查找。

第六，财务会计数据处理的安全性、保密性要高。

第七，处理的结果不仅要满足企业对外报表的需要，还应当满足其他信息需求者的需要。

三、财务会计数据分析

财务会计工作的目的之一就是提供决策需要的财务会计信息，而财务会计数据分析的主要目标有三个，即分析公司的获利能力，分析公司的财务状况和偿债能力，分析公司的筹资能力和投资的合理性。

（一）财务会计数据分析的含义和原则

财务会计数据分析，亦称财务报表分析，是运用财务报表中的有关数据对企业过去的财务情况、经营成果及未来前景的一种评价。财务会计数据分析的主要内容是会计报表分析、财务比率分析和预算分析。

无论是静态的资产负债表，还是动态的利润表和现金流量表，它们所提供的相关财务状况和经营成果的信息都是历史性的描述。尽管过去的信息是进行决策的主要依据之一，但过去未必能代表现在和将来。因此，财务报表上所列的各类项目的金额，如果单独看是没有太大意义的，必须与其他金额相关联或相比较才能成为有意义的信息，以供决策者使用。

对大量信息资料进行收集、整理、加工，形成有用的分析结论，在手工会计条件下是难以全面展开的，而财务分析软件解决了这一问题。财务分析软件一般都设置了绝对数额分析、定基分析、对比分析、环比分析、结构分析和趋势分析等功能，提供了经营者、债权人、投资者等多角度的分段报表选择和数据资源的共享功能，以及计划情况分析。利用财务分析软件可以轻松地完成对财务会计数据的加工工作，及时、迅速、准确地获取有用的信息，为决策提供正确、客观的依据。财务会计数据分析的基本原则是趋势（动态）分析和比率（静态）分析相结合，数量（金额）分析与质量分析相结合，获利能力分析和财务状况分析相结合，分析过去与预测未来相结合。

（二）财务会计数据分析的基本方法

财务会计数据分析的方法灵活多样，企业实际情况不同，采用的分析方法也不同，下面介绍几种常用的分析方法：

1.趋势分析法

趋势分析法是根据企业连续数期的财务报表，比较各期的有关项目金额，以揭示当期财务状况和经营成果的增减变化及其趋势的一种方法。趋势分析法可以通过统计图表观察变化趋势。趋势分析法的操作过程如下：

（1）比较各项目前后期的增减方向和幅度。先把前后期各项目的绝对金额进行比较，求出增或减的差额，再将所求差额除以前期绝对额，求出增或减的百分比，以说明其变化程度。

（2）求出各项目在总体中所占的比重（百分比）。比如，利润表中以销货净额为总体（100%），资产负债表中分别以资产总额和权益总额为总体（100%）。利润表的分析和资产负债表的分析都使用趋势分析法。

2.比率分析法

比率分析法是在同一张财务报表的不同项目之间、不同类别之间，或在两张不同财务报表，如资产负债表和利润表的有关项目之间，用比率来反映它们的相互关系，以便发现企业经营管理中存在的问题，并评价企业财务状况的好坏。因为分析资料的使用者的着眼点、目标和用途不同，所以分析财务报表所使用的比率及对同一比率的解释和评价也不同。

3.构成分析法

构成分析法是以报表或账簿上某一关键项目为基数，计算其构成因素所占项目的百分比。

4.比较分析法

比较分析法是通过对经济指标在数据上的比较，揭示经济指标之间的数量关系和差异的一种分析方法，主要有绝对数额分析法、定基分析法、环比分析法三种形式。

第二节 财务会计数据的综合利用

在现代企业中，财务会计工作是一项重要的管理工作，财务部门是管理信息的主要来源之一，会计信息系统提供的信息量大约占企业全部信息量的 70%。企业会计电算化系统的建立和会计核算软件的使用，使财务会计工作发生了质的变化，会计凭证填制与生成、账簿登记、报表生成及内部控制都发生了深刻的变化，并产生了丰富的财务会计数据。这些数据如何被合理使用，使之在企业管理、经营、分析、预测和决策中发挥更有效的作用，是企业管理者最关心的问题，也是财务会计软件发展的趋势之一。计算机引入财务会计工作中，大大加深与拓宽了财务会计数据的利用深度和广度，减轻了财务会计人员的核算工作量，从而为财务会计数据的综合利用提供了技术手段。进行财务会计数据综合利用的途径有以下几个方面：

一、对财务会计软件本身提供的数据处理功能进行综合利用

商品化财务会计软件和自行开发的财务会计软件都有某几种功能，即财务会计业务处理功能，包括财务会计数据输入、财务会计数据处理、财务会计数据输出；系统控制功能，包括数据完整性、可靠性控制，数据安全性控制和保留足够的审计线索；系统操作的简便性和容错性，包括系统的菜单或者对话框应该符合日常的会计核算流程，任何操作都应该有必要的提示，比如错误操作应该有警告和提示信息；系统的可移植性，应满足硬件和操作系统的升级需要，比如某财务管理软件由财务、购销存和决策三部分组成，各部分相对独立，其功能可以满足用户的基本管理需要，并且能融会贯通，有机地结合为整体，满足用户全面经营管理的需要。

二、利用财务会计软件本身的开放接口进行二次开发

会计电算化信息系统内各子系统之间都有数据接口，用以传递子系统内部的信息。这种数据传递通常是根据事先设计好的数据模式，自动采集、加工、处理数据，生成、传递数据，输入系统之间的数据接口或加载到另一个系统中去。然而，在实际业务中，用户对软件的使用不全是按照软件开发设计来的，不同的用户对数据有不同的需求。许多财务会计软件提供将所有的账簿、报表数据转换成电子表格和文本文件等格式的功能，以及直接从数据库在线管理系统中获取数据的功能。一方面有利于用户进行系统的二次开发，另一方面使得财务会计软件更易于与第三方软件结合，充分利用信息资源。例如，某财务管理软件可以借助系统自由表的链接与嵌入功能，使一个应用程序的文档中包含另一个应用程序创建的信息，如在自由表中插入电子表格和文档等支持链接与嵌入功能的程序。

三、利用财务会计数据分析模块实现数据的综合利用

财务会计数据分析以企业财务报表和其他资料为依据和起点，采用一定的方法，系统分析和评价企业的过去和现在的经营成果、财务状况及其变动，目的是了解过去、预测未来，为企业决策提供辅助信息。

财务比率是根据财政部公布的评价单位经济效益的六大类指标体系（共 24 个基本财务指标），以及各自相对应的计算公式而形成的。目前，大多数会计软件都设计了财务会计数据分析模块，以此对财务会计数据进行分析比较。分析功能主要有财务指标分析、标准指标分析、理想指标分析、报表多期分析，还有变动百分比、结构百分比、定基百分比、历史比率、财务状况综合评价及营利能力、偿债能力、成长能力等指标分析，分析的结果以报表或图形的方式直观地展现给用户。有些软件还提供现金收支分析功能，向用户提供现金收支表、现金收支增减表、现金收支结构表等信息。

利用会计软件进行财务会计数据分析时，首先要进行一定的初始化操作，用来设定一些基本的分析项目和指标。然后，指定指标数据的分析日期和比较日期等时间信息，以得到相应的分析内容。

（一）财务比率的初始化

财务比率指标的数据来源于企业总账系统，初始化的作用在于选定本单位需要分析的具体财务指标，以使指标分析更简洁，能清楚地反映分析者的意愿。操作时，用鼠标双击系统主界面中的初始指标，显示分析指标项目，然后选定具体需要分析的指标，单击某一指标的比率名称即可完成操作。

（二）分析日期与比较日期的选择

在财务分析模块中，双击系统主界面中的"指标分析"会弹出"基本指标分析"对话框，然后进行分析日期与比较日期的选择。分析日期可以按月、季、年进行选择；比较日期有"本年年初"与"任一期"两种选择，在系统中可以同时选中，也可以只选其中之一。选定"任一期"作为比较日期，即把选定分析日期的指标与将要进行比较的某年度中的某一期进行比较。

四、利用辅助账管理实现数据综合利用

在手工会计条件下，会计核算方法需遵循会计准则和会计制度的要求，按照一个会计核算期内初始建账时所设置的会计科目体系结构进行数据逐级汇总核算。若想按管理所需要的核算模式进行特殊的会计数据处理，在手工会计条件下是难以实现的。会计电算化后，辅助账管理功能的引入有效地解决了这个问题。辅助账特别是"专项核算""台账"等功能，是按照分析核算和会计信息重组的思路进行设置的，即在日常所设置的会计科目结构体系进行常规会计核算的基础上，用户根据自己的管理需要进行"任意"组合，完成账务数据的交叉汇总、分析和统计，生成不同科目结构的会计核算数据，从而达到多角度分析财务会计数据的目的，如根据企业的商品、部门、人员、地区、项目等进行专项处理，获得相关的财务信息。将多种辅助账簿，如专项核算和台账结合在一起，组合成专项核算台账，则可对某核算项目的信息进行多方位、即时的数据查询，再利用报表功能将辅助账信息进行重组，以表格或图形的方式提供给用户，就更能实现对数据的综合利用。

第三节 财务会计软件中数据的获取

财务分析的对象是财务会计数据，如何从会计软件中获得所需数据，以及如何从不同角度获取数据是进行财务会计数据分析的前提。手工会计条件下，财务会计数据存放在凭证、账簿和报表等纸介质之中，因此获取财务会计数据只能靠人工摘录、抄写和复制。会计电算化后，传统的会计数据处理方式、存储方式、输出方式都发生了根本性的变化，它可以根据企业管理、分析、预测、决策的各种需要，做到及时、准确地提供丰富的数据源和复杂的计算结果。

一、财务会计数据源分析

根据财务会计数据存放介质和范围的不同，财务会计数据源可以分为以下几种：

（一）手工财务会计数据源

各企业在开展电算化时，不可能马上建立起完整的电算化核算系统，其往往从账务处理、会计报表子系统开始，逐渐向其他子系统扩展。因此，在电算化起始阶段，财务会计数据不能全部从电算化系统内获得，有些数据仍需从手工账簿中获取。

（二）单机环境下的数据源

对于小型企业来讲，会计核算往往在单机中进行。大部分数据存放在本地计算机内且数据不能共享，获取数据时，必须借助数据存储介质。

（三）局域网环境下的数据源

越来越多的企业，建立了基于局域网环境下的计算机会计信息系统。在局域网环境下，会计核算工作是在由若干个工作站和网络服务器构成的局域网络环境中进行，财务会计数据保存在本地的网络服务器中，企业内部可实现数据资源共享。

（四）广域网环境下的数据源

随着以国际互联网为中心的计算机网络时代的到来，一些大型企业、集团公司、跨国公司纷纷建立起广域网环境。在广域网环境下，不仅能够即时提供集团公司内部的财务会计数据，还能提供丰富的外部信息，不少软件已推出了具有网络功能的远程查询系统，供使用者访问不同地区的多种数据源。

（五）辅助数据源

进行财务分析时除了需要会计信息，还需要其他的辅助信息，如市场信息、金融信息、政策信息等。此外，还需从其他管理系统中，如生产管理系统、物料管理系统、人事管理系统中获取信息。

二、从会计信息源中获取信息的途径

（一）一次输入、多次使用

会计软件的设计者充分考虑了数据的共享和重复使用，因此所有的财务会计数据在一次录入后，均可重复使用，如采购单录入后，可直接生成凭证，并转入财务处理子系统；成本费用可以在成本核算中录入，进行成本计算后再通过凭证自动生成，引入财务处理子系统，从而为财务会计数据分析模块提供数据源。

（二）查询录入

查询录入是指管理者在查询和阅读获取的数据后，通过人工录入方式将相关数据存入会计管理系统的数据分析文件中。对于没有实现完整电算化的企业而言，这一方式是必不可少的。例如，某单位没有使用固定资产核算模块，若要分析与固定资产有关的数据，就必须从手工账中查阅该信息，然后将其录入计算机。

（三）机内取数

运用会计软件或其他计算机应用软件所提供的取数工具，可以直接从存储于机内的账务、报表等模块中读取或生成所需的财务分析数据，这是获得财务会计数据的主要途径。

（四）利用数据库本身提供的数据转出

各种大型数据库都提供了转出功能，可以将指定的数据以指定的文件格式转出，不同数据库的转出功能可以参看相应的数据库管理手册。有些软件中提供了"查询数据转出"功能，可以直接将查询到的数据转出，给财务会计数据分析模块使用。

（五）读取存于机外存储介质中的数据

机外存储介质可用来存放会计数据源和辅助数据源。会计软件可自动从这些介质上直接获取数据，并将数据存放在财务会计数据分析模型中。这种方式适用于单机之间数据的传递。例如，某集团公司欲从各销售网点中获取销售数据，就需要各销售网点将装有销售数据的存储介质送到总公司，由计算机完成数据的读取工作。

（六）网络传送

在局域网环境下，不同的财务会计数据（如账务数据、材料核算数据、固定资产核算数据、成本核算数据等）由不同的子系统产生，但最终都会存放在服务器上，财务会计数据分析系统可自动从网络服务器上直接获取数据。

采用广域网的企业，其分公司、子公司或基层单位的会计业务处理都是在不同城市的计算机中完成的，然后存放在当地计算机或服务器中。总公司、母公司或上级单位所需的财务管理与决策数据均来自下属单位，因此各分公司、子公司或下属单位应定期（1天、5天或10天）利用远程通信工具，向其上级单位报送财务会计数据。上级单位在收到所属单位传送的财务会计数据后，可由财务会计数据分析系统自动从主网络服务器上或本地硬盘中直接获取数据。

第四节 大数据与财务会计核算

随着云时代的到来，大数据在各行各业都受到了广泛的关注。大数据和云计算技术具有快速处理和分析数据等优势，在互联网时代为各行各业的发展提供了有力的技术支持。会计核算主要是记录、核算、反映和分析资金在企业经济活动中的变动过程及其结果。会计核算是一门对数据分析和处理都要求很高的工作，引入大数据财务运算技术，能够提高会计核算工作的数据处理效率和质量。一般情况下，大数据的财务运算技术主要以云计算为依托，通过复式记账的方法来对财务进行处理。现阶段，企业的财务数据信息主要建立在云服务器的数据库上。

一、大数据的定义

大数据是在互联网技术日渐成熟之后出现的新名词，是指数据的规模巨大且利用现行的软件无法在一定的时间内完成数据抓取、处理、分析和转化的有用数据集合。大数据是一个较为广泛的概念，它的应用范围也较为广阔，如互联网大数据等，对于企业的发展具有推动作用。目前，大数据主要涵盖两种或两种以上的数据形式，企业在使用大数据进行数据分析时，能够从中寻找到自己想要的信息或内容，一些企业还能够通过大数据对用户的行为习惯和特点进行分析，并将分析的报告作为企业下一阶段产品设计、生产及广告投放的基础。例如，通过大数据可以调查用户对某一产品的兴趣度，分析用户的年龄、性别及喜好等，将此分析作为市场调查的有力依据。大数据能够高效率、低成本地收集不同容量和频率的信息，因此具有成本优势。

二、大数据对会计核算的影响分析

大数据对企业的很多方面都产生了非常深刻的影响，会计核算也不例外。因此，从这个角度来说，分析大数据对会计核算的影响具有十分重要的意义。

（一）影响会计核算数据的真实性

在实际的会计核算过程中，核算的数据必须是真实的，大数据包含的数据具有类型丰富、种类多样的特征，而且大数据的来源也非常多，其中所包含的数据必定存在不真实性，这就需要会计核算人员先对大数据的真实性进行检验，然后再将其应用于实际的会计核算过程中。随着大数据在人们生活中的广泛应用，很多行业对大数据的应用更看重其实效性，即能够给这个行业的发展带来什么实际的效用和价值，会计核算也是如此，越来越重视大数据的实效性。通过对数据实效性的关注，会计核算人员能够对收集到的数据信息进行相应的预测，同时通过分析信息对企业未来的发展方向作出相应的预测。但这样做，就会减少对数据真实性的关注，当前会计核算工作就是在这样的矛盾中进行的。在传统模式中，会计核算人员分析更多的是结构性数据，而不是非结构数据，但是在大数据环境下，会计核算人员开始越来越多地关注非结构化数据，这对会计核算人员的工作有非常大的影响。在现在的工作模式下，会计核算人员需要融合两种类型的数据，这对于提升会计核算人员的信息处理水平是非常有帮助的。

（二）有利于企业的风险评估

大数据技术的应用使企业关注自身在市场竞争中的地位和形象，了解自身的发展概况，从而深入地到企业的发展规划中对企业将面对的风险进行评估，使企业能够在信息全球化的形势下立足。风险评估是企业根据自身的发展经历和发展现状考察外部的市场环境和趋势，对未来的发展态势和前景进行评估，而这些数据主要通过大数据获取。

（三）提高财务信息的整理和传送效率

企业的会计工作应准确、及时地完成。在企业的业务活动结束以后，会计人员需要对财务信息进行整合与传送，使这些信息能够很好地传送到指定的位置。企业在大数据的影响下能够及时地了解相关数据内容，并确保数据的时效性，提高了财务信息的整理效率，让财务信息更加清晰有序。

（四）使企业会计信息对外更易理解

由于工作原因，企业部分会计信息有时需要对外进行披露。传统的会计信息，非专业人士很难看懂，而经过大数据计算分析以后的会计核算信息，用户能够快速浏览并掌握其中的重点和精华，也可以快速找到自己想要了解的信息和内容，这使得会计信息的内容更容易被人理解。

（五）加深市场化程度

会计核算工作在以往的发展中，因为形式是静态的，所以很难满足日益变化的互联网市场竞争需求。大数据技术的应用使得会计核算工作及效果呈现可以转移到手机终端或电脑终端上，用户能够观测动态的内容，随时随地对其中的内容进行查阅和浏览，加深了会计核算工作的市场化程度。

（六）加速企业的资金周转

大数据技术的应用依托于互联网技术，而互联网技术的第三方支付平台可以让资金的流动速度加快。目前，企业的资金实际流动状况，可以通过大数据的报告体现出来，企业的财务报告也将分析的数据结果展现在了投资方面前。依托于互联网的多种技术，企业资金的运转速度更快了。

所以，大数据的发展和应用给会计核算工作带来的影响既有利也有弊。在实际的会计核算工作中，大数据的应用应在满足用户服务的基础上实现。大数据的应用能够为企业自身的发展服务，帮助企业在激烈的市场竞争中找到立足之地，顺应时代发展的潮流。会计核算对数据的精准度及真实性要求较高，大数据在这一方面的数据分析具有一定的模糊性，使其不能完全取代传统的会计核算模式，但是其自身的优势可以被会计核算工作所用，如财务数据信息的整理与传送等，能够帮助会计工作者提升工作的效率。会计人员需要与时俱进，不断提升自身的能力素质和水平，学会利用计算机技术开展会计核算工作，为企业创造更多的经济价值。

第七章　信息化背景下财务会计管理的实践应用

第一节　中小企业的财务会计管理

随着经济的发展与社会的进步，中小企业在面对市场压力时，也承担着企业之间的竞争压力。为提高企业的竞争力，需要不断完善财务会计管理。

一、中小企业财务会计管理中存在的问题

（一）中小企业的风险管理意识薄弱

中小企业规模较小，涉及的经营项目种类一般也较少，资金量及管理能力相对于大型企业而言较为不足。按常理来说，中小企业的经营范围较为狭小，涉及的风险应该也较小，只需具备一定的风险控制及解决能力。然而，中小企业通常对风险管理不重视，风险管理意识也非常薄弱，认为自身的发展规模较小，不易受到市场风险的影响。企业管理者认为花费时间和资金成本进行风险管理是不必要的，他们将企业的重心放在追求利益上，没有实施长远的企业利益保障计划，导致企业难以得到进步和提升。

（二）中小企业内部管理机制缺失

在企业内部控制制度的实施及发展过程中，内部审计占据着非常重要的地位。建设完善的内部审计制度和营造一个良好的内部审计环境可以提升企业的生产经营效率与财务会计管理水平。但是，仍有许多中小企业仅在文件层面上形成了内部审计机制，并没有发挥其应有的功效，缺乏内部审计的执行力度。企业内部的审计人员通常是非财务

专业人士，缺乏必要的财务管理知识及审计工作能力，难以保证企业内部审计工作的高效进行。同时，企业没有对内部审计进行有效的监督管理，导致内部审计人员消极怠工的现象时有发生，限制了企业财务会计管理工作的进步，阻碍了企业的发展。

（三）中小企业内部管理人员的素质有待提高

许多中小企业在管理上都有高度集权的特点，因为有相当一部分中小企业是家族企业，管理人员之间存在亲属关系，很难保证管理工作正常进行，常常会出现管理不严和内部包庇的情况。财务会计管理工作要求工作人员必须具备较强的人力管理能力及财务管理能力，但是一些管理人员不具备这些专业能力，常常会有工作上的失误，影响企业的效益。因此，企业只有提高财务会计管理人员的综合素质，才能充分保证企业日常业务的正常进行。

二、解决中小企业财务会计管理问题的措施

（一）中小企业需要吸取先进的财务会计管理经验

中小企业的管理层应充分认识财务会计管理的重要性。现阶段，中小企业面临着日新月异的市场环境，承受着巨大的经营风险。因此，中小企业必须具备完善的财务会计管理制度，助力企业逆流而上。中小企业需要向大型企业或优秀企业吸取先进的财务会计管理经验，并充分认识自身的实际经营状况，完善自身的财务会计管理制度，利用规范化及标准化的管理保证企业经济活动得以顺利开展。例如，企业在分析自身存在的不足及缺陷后，可以利用科学的管理方法和先进的技术手段来弥补。企业财务会计管理要在吸取经验的同时不断总结经验以获得提高。

（二）中小企业要建立健全完善的财务会计管理制度

完善的财务会计管理制度是财务会计工作正常运行的有效保证。中小企业需要重视财务会计管理理念，并对降低成本和增加利润的途径进行系统分析及研究，总结归纳长期不增加利润的经济发展点，分析并解决其存在的问题，同时谋求新的经济增长点。

企业要建立起严格的资金支出控制制度，根据实际的经营活动如实记录相关的财务情况。企业管理层应对财务工作加以检查及监督，以保证财务信息的准确性，杜绝以权

谋私的行为。企业管理层可对资金的支出进行适当的授权处理，并进行定期总结，及时解决资金支出中存在的问题。

（三）中小企业要注重提高财务会计人员素质

中小企业可以从以下几方面提高财务会计人员素质：

第一，企业管理层应详细了解每一位内部财务会计人员的情况，精简员工结构。

第二，企业管理层需要定期对财务人员进行专业知识及技能的培训，并对员工提出的问题给予专业解答，尽可能提高员工的财务会计专业能力，使其充分了解并掌握企业的业务范围，可以独立解决工作中出现的问题。

第三，企业需要对财务人员的工作能力、工作经验、工作态度及工作完成情况进行定期的综合测评，促进其发挥自身的能动作用，激发竞争意识，改变工作态度，从而提高工作效率。

第四，企业需要制定规范化、标准化的人才招聘流程，并设立严格的监管小组，杜绝走后门的现象。为企业招聘具备专业财务会计知识及管理能力的优秀人才，可以为企业的发展打下良好的基础。企业必须对新进入企业的财务人员进行企业文化培训，增加其对企业的认同感，并对其进行财务专业能力培训，使其掌握最新的理论发展方向和实务改革的发展趋势。

所以，在中小企业的发展过程中，管理层必须充分认识财务会计管理在企业控制管理发展中的重要性，并积极找出企业自身存在的问题，吸收先进的财务会计管理经验，突破企业发展的局限性，规范企业财务会计管理制度，以推动企业的进步与发展。

第二节　流通企业的财务会计管理

21世纪，现代流通企业在发展过程中越来越注重对财务的优化管理，尽可能地做好财务会计核算和监督管理，并逐步完善财务会计管理制度。企业组织财务活动，越来越重视财务会计管理的多样化，结合相关的财务经济管理手段，对财务进行科学预测，实现对企业的多样化控制。对企业利润实施科学分配管理，彰显了商品交换的核心经济组织模式，对企业财务会计实施优化管理，可以实现企业经济效益的最大化。

一、流通企业财务会计管理现状

（一）存货管理难度较大

我国流通企业在财务会计管理中，虽然有着日益成熟的理论方法，但是关于存货的管理仍然存在各种各样的问题。流通企业和工业企业不同，生产环节相对简单，且商品多为库存状态。流通企业的发展不仅受到库存地点的限制，还受到库存资金的限制，其存货管理也存在着一定的问题，即存货积压和断货的矛盾。在存货数量的优化管理过程中，企业主要采取流通结合负债经营的模式，筹资过程面临着较高的成本。一旦负债过重，企业需要面临较高的利息，经营成本也明显提高，企业竞争能力相对减弱。目前国际市场的整体销售情况不乐观，尤其是现代流通企业在发展过程中存货积压相对较多，存货流动性较差，大量资金被占用，此外，企业还要支付存货保管的费用，以致存货跌价时企业损失较大，成本逐渐上升，整体利润逐渐降低。

（二）财务会计管理人员综合素养普遍较低

要想做好财务会计管理工作，就要尽可能提升财务会计管理人员的整体学历和专业水平，并丰富财务会计管理人员的专业知识。流通企业的财务会计管理人员整体综合素质相对较低，专业结构也较为单一。虽然企业负责会计核算的专业人员相对较多，普通的财务管理人员也较多，但他们的财务分析能力较弱，企业资金缺乏整体的运营管理，企业的经营管理目标也难以实现。在财务会计管理中，企业要提高会计电算化使用效率，强化财务会计人员的相关培训工作，做好财务会计人员的职能管理，做好会计信息系统的有效分析，实现内部的有效审计和财务监督管理，并提高流通企业财务人员的服务能力。目前，流通企业的财务会计管理中，除了存在存货管理难的问题，应收账款也较多，内控机制不健全，更有着综合素养普遍较低的财务会计管理人员。

二、流通企业财务会计管理的制约因素

（一）企业经营规模小

长期以来，流通企业有着较为缓慢的发展速度，而部分商品流通企业还存在经营商品结构不合理，一些高利润、高附加值的商品难以有效经营等问题。同时，其进货数量和价格也存在一定的局限性，和大规模企业的进货量无法相提并论；而在供应商的配送方面，中小型商品流通企业也难以和大型企业抗衡。

流通企业在设备、厂房等方面的投资较大，但是员工的薪资待遇较低，薪酬管理体系比较落后，导致企业发展制度不健全，缺乏有效的监管、分配制度。企业资金开源存在极大的局限性，缺少相应的资金，企业在资金流转方面有很大困难。受到传统财务会计管理观念的影响，许多流通企业在资金管理方面比较落后，虽然银行账户中滞留了大量的资金，但资金使用率较低。流通企业的财务管理意识比较薄弱，导致资金周转不畅，不利于企业的可持续发展。

（二）财务会计管理水平较薄弱

部分流通企业的组织结构不完善，不仅有较为落后的经营管理模式，还有较为松散的企业组织结构，其财务会计管理水平相对较低，企业财务会计管理制度也不完善。流通企业的现金管理及会计核算管理缺乏较为严格的财务管理制度，会计的整体核算制度也不完善，导致资金的筹集和运用、分配能力较低。流通企业因为其发展规模的局限性，在投资选择方面比较受限，实施多元化投资，虽然能增加企业经营风险，但不能直接将资金回收。如今，流通企业想发展，就要不断积累相应的原始资金，不断完善自我，更好地利用内源融资。但是，目前流通企业财务资金管理、处理方式不够规范，对资金难以实施有效的抵押处理，难以实现专业的融资过程。流通企业想要实施扩张，资金严重不足。

三、新市场经济环境下流通企业财务会计管理对策

（一）加强财务会计管理人员的培训，提高综合素质

新市场经济环境下，流通企业在财务会计管理中，要强化管理人员的相关培训，提高管理人员的综合素质。企业管理层要不断深化自身的财务会计管理意识，不断更新自身的知识体系。企业要健全相关的培训体系，对管理人员的业务能力进行科学考核，实现其职业道德与专业能力的不断优化。与此同时，企业要落实财务会计人员的教育培训工作，不断丰富其专业知识储备，改善企业财务管理现状。在财务工作的创新管理中，要不断优化财务岗位交流制度，优化财务岗位结构，不断强化财务会计人员的集体意识。

（二）做好企业应收账款管理，优化财务预警体系

随着经济多元化的发展，企业要做好应收账款管理，不断优化财务预警体系，对客户的信用情况实施科学分析。具体来说，企业要结合客户应收账款的实际记录，分析客户的信用情况。如果客户的信用比较差，要取消客户的赊销资格。企业财务部门要制定科学的定延期支付制度，做好应收账款的催收管理工作。同时，企业财务部门要不断完善财务指标体系，根据相关的财务预警体系，对企业的发展现状实施分析，指出企业发展中遇到的问题，对企业的突发性危机实施科学分析，降低财务危机的损害。健全坏账准备金制度，对应收账款实施科学控制，及时处理长期没有收回的应收账款，减少坏账带来的经济损失，实现企业的可持续发展。

第三节　互联网时代下的财务会计管理

随着信息技术的快速发展，互联网技术已经逐步进入经济领域的每一个角落，对每一个行业的发展都产生了深刻的影响。如今，许多行业都在向这一新时代的产物逐渐靠拢，将互联网技术带到行业的发展过程中，可以促进行业的快速发展。当然，企业的财

务部门也需要紧跟行业发展的步伐，尽可能地运用互联网技术处理企业的财务数据。

一、互联网时代下的财务会计特点

在互联网时代下，财务会计呈现出虚拟化、网络化和电算化的特点。财务会计的虚拟化特点，是指企业在进行财务管理工作时，改变了传统的财务信息整理手段，开始利用网络平台，大大提高了财务会计的工作效率。财务会计的网络化特点，是指能够实现财务信息的实时传递和信息的高效传输。开放的网络模式可以使会计管理人员不再受到时间和地点的限制，使其无论何时何地都可以查询企业的财务会计资料和信息，从而更加高效地完成各类财务管理工作。财务会计的电算化特点，也是互联网时代下财务会计工作的核心特点，财务会计可以利用计算机技术对财务数据进行分析和整理，实现信息的快速处理，即使是非常复杂的财务信息，也可以借助计算机迅速处理完成，不仅节约了人工，还大大提高了工作效率。

二、互联网时代下改进财务会计管理的措施

（一）完善财务会计工作制度

针对互联网时代出现的一系列新变化，企业应当完善财务会计工作制度，并根据新时代的要求，全面更新财务会计工作制度，使财务会计工作不断适应企业内外部环境的变化，解决财务会计工作的实际问题。更新和完善财务会计工作制度要注意以下几点：

第一，财务会计必须顺应时代背景，按照新时代的要求更新传统财务会计工作制度。

第二，提高财务会计工作的规范性与简便性，注重运用信息化的方式加强财务会计管理。互联网技术可以简化各种操作，使财务会计管理在规范化的基础上全面创新发展。

（二）增强对财务信息的保护

在互联网时代下，财务会计人员在运用互联网进行工作时也会出现非常严重的信息泄露、信息毁损等问题。财务信息的泄露很有可能给企业带来极大的风险，所以企业应该加强对财务信息的保护力度。企业应该根据自身的经营状况安排专业的工作人员来完

善企业的网络安全系统及信息安全监督系统，防止企业的财务信息外泄。

（三）及时应用已更新的企业会计理论

企业的财务会计工作随着经济的快速发展逐渐走向信息化、网络化，互联网技术在为企业的财务会计工作带来便利的同时也为企业的财务状况带来了诸多问题。传统的会计理论已经不适合互联网时代下的财务会计工作，所以企业为了能够尽快适应新时代的发展要求，促进自身快速发展，必须及时对企业现有的会计理论进行更新。新的会计理论必须要与我国目前的经济发展状况相结合，适应互联网环境下的财务会计工作。企业应用已更新的会计理论，有利于提高企业财务会计人员的信息采集及整理能力，也有利于促进企业财务信息的公示。企业在开展财务会计工作的同时，还需要注意一个问题，即国家相关部门对企业的监督保护。企业应该及时掌握政府部门颁布的财务会计相关法律、法规，保证企业的财务会计工作能够正常依法进行。

（四）增强信息安全

在互联网时代，企业最需要重视的就是信息安全，信息一旦泄露，极有可能给企业带来巨大的经济损失，因此必须加强信息的安全保密工作，可以从以下几方面入手：

第一，对会计信息进行安全控制。企业可以建立相应的管理制度及授权机制，如利用密钥加密技术对数据进行加密，以保证数据的安全。

第二，采用软件和硬件相结合的形式保证信息的安全，如在购买办公室设备时应当选择功能完善和质量优等的软、硬件设备，保证其可靠性和安全性，还可综合考虑环境条件因素，延长软、硬件使用时间。

（五）加强对财务会计人员专业素质的培养

在互联网环境下，无论是操作各种软件客户端，还是尽快适应企业全新的管理方式，都是财务会计人员所要面临的挑战。为了使企业财务会计人员能够尽快地适应，企业要注重提高财务会计人员职业道德，加强对财务会计人员专业素质的培养。企业应根据具体的经营状况，为企业的财务会计人员设计一套完善的财务会计人员培养体系。比如，企业可以专门为财务会计人员开设网络课程，使每一位财务会计人员都能够了解并熟练掌握各种软件或者程序的操作步骤，并能够对整理出来的财务信息进行正确的分析。除此之外，企业的财务会计人员也应该有足够的自觉性，在空闲时间积极主动地学习相关课程，并熟练掌握每一个操作步骤，不断地提高自己的专业素质。

三、互联网时代下财务会计的发展

随着互联网越发成熟，互联网成了财务会计高速发展的载体。互联网技术的发展，使财务会计的核算结果更加精确，核算的速度也得到了很大的提升。过去，传统会计是人工核算，在核算过程中非常容易出现问题，导致核算结果不准确。利用互联网技术，会计人员能够在较短的时间内完成会计核算工作，大大提高了工作效率。互联网的出现，使财务会计工作更加透明化和信息化。同时，互联网也是财务透明化与财务信息化的重要保障。互联网使财务工作电算化，更加方便了财务会计人员的工作，也使在财务工作过程中产生的数据更加安全可靠。简而言之，互联网对财务会计的发展具有积极影响。

互联网技术的发展对企业财务会计管理工作产生了巨大的影响，并且使财务会计管理的工作形式也发生了较大的变化。互联网技术的应用，提高了财务会计管理工作的效率，因此相关企业应该顺应时代潮流，与时俱进，不断加强对于财务管理安全技术的研究，建立完善的安全控制制度，从而保证会计信息的安全性和保密性，以实现企业财务会计管理的信息化。

第四节　知识经济时代下的财务会计管理

知识经济时代已经到来，现代企业的财务会计管理只有做好信息的收集、整理、录入、分析，才能够在知识经济时代拥有一席之地。

一、知识经济概述

知识经济是一种以知识为基础，与传统的农业经济和工业经济相对应的经济形态。农业经济时代，政府大力发展农业生产，加大对农业的投入，从而达到获取更多经济效益的目的。工业经济时代，政府将经济重心都放在了工业发展上，通过大力推进工业发展来获得经济的快速增长。如今，社会经济发展的重要生产力已经变成了知识，紧跟知识经济发展步伐的企业都已经在各行各业显露头角，知识产业发展迅速，为人们的生活带来了许多收益，社会已经处于知识经济时代。

二、知识经济时代下财务会计管理受到的冲击

（一）会计历史成本原则受到的冲击

传统的财务会计管理通常采用历史成本原则确定企业内部财物的实际入账金额及计价，企业高层通常使用历史成本原则在有形市场运转和市价浮动时对资金流动的相关信息进行捕获分析。然而，随着我国经济的发展，人均受教育水平大幅度提升，知识转化成生产力的成功案例越来越多，有形市场受到冲击，整个人力管理和知识产业评估都开始了改革。因此，企业在知识经济时代下不得不将知识等无形资产纳入评估，而传统的历史成本原则并不能对此进行评估，导致历史成本原则在财务会计管理中的实用性大大降低。

（二）会计环境受到的冲击

科技、教育、政治、文化、经济等环境因素都在会计环境的范畴内，会计环境会影响企业的管理模式及相关信息需求，所以知识经济时代的到来必定会对会计环境造成极大的冲击。由此可以得出，日后企业的财务会计管理工作重心会向管理各类知识方面的信息大幅度倾斜。对于一个企业来说，其财务会计管理环境受到冲击，将会体现在各部门之间的资源配置变动及组织形式的改变上，生产出更多知识类无形资产的部门将能得到更多的资源。

（三）现行会计核算方法受到的冲击

1.原始凭证受到的冲击

经济时代的全面到来使人们的日常金融交易方式发生了巨大的变化，第三方支付平台等网络金融的兴起推动了电子货币的普及，使电子发票和电子表格逐步取代了纸质发票、账簿，原始凭证的填写方式和发送形式也受到了冲击。与此同时，随着互联网技术的普及，整个企业的日常采购、运作，包括资金流动等都不再依赖纸质原始凭证，电子原始凭证逐渐普及。

2.复式记账受到的冲击

所有业务均以同样的金额在一个以上的互联网账户中进行登记的记账方式就是复式记账。复式记账在知识经济的冲击下，面临着数据量更大和数据内容更为复杂的双重考验。企业在知识经济时代下，如何调整复式记账的工作方式将关系到财务会计工作的效率和准确率是否能随着企业规模的扩张而得到保持。对此，企业可以对复式记账进行一定的革新：复式记账中的记账凭证不再只局限于常规的二元分类信息数据项，而是可以试着直接将分类信息数据项纳入记账凭证中，如此，可以让一项经济业务拥有一张以上的凭证，更加适用于知识经济时代下企业内部的财务会计管理。

三、知识经济时代下财务会计管理的发展方向

（一）财务会计管理手段向信息化、现代化方向发展

知识经济时代下，计算机的普及与发展，全球通信的实现，互联网的飞快运转，都将对传统会计方法产生巨大影响。财务会计管理手段将在会计电算化全面普及、运用的基础上实现信息化。全面使用现代信息技术，包括计算机、网络与通信技术，将使会计信息处理高度自动化，财务会计管理手段实现现代化。

（二）财务会计中介机构向多元化、专业化、诚信化方向发展

财务会计中介机构是保证企业财务信息质量的最后一道防线，是保证信息有效性和各类投资者合法利益的主要力量。知识经济时代下，市场竞争机制不断成熟，我国财务会计中介机构要向多元化、专业化和诚信化的方向发展，以便在市场竞争中不断稳固自

身地位。

1.多元化发展

会计师事务所是我国最主要的财务会计中介机构，通常为会计单位提供包括审计、资产评估、管理咨询、造价咨询、税务等服务。但在我国会计师事务所中，审计业务在所有业务中占比超过八成，并以年度会计报表审计和上市公司审计为主要内容，我国会计师事务所的多元化发展明显不足。因此，我国的财务会计中介机构要发展多元化的业务服务。

如果会计师事务所没有足够的能力与精力发展多元化的业务服务，可以集中优势资源开拓某一项或几项业务领域，如此发展，会计师事务所之间就会呈现差异化发展的趋势，这样既可以避免过度竞争，又能提升各自的核心竞争力。大型会计师事务所应该做到"大而精，精而专"，建设自己的品牌。在各大型会计师事务所之间还可以建立社会分工与协作的关系，进行资源共享，达到经济效益最大化。大型会计师事务所可以拓展国外市场，提升知名度，与国际真正接轨，而中小型会计师事务所可以把国内的业务做精，不再依靠竞相压价来获得市场，这样的氛围有利于带动整个会计师事务所行业的持续、健康、多元化发展。

2.专业化发展

我国的财务会计中介机构起步较晚，经营管理机制也相对落后，面对这样的现状，我国财务会计中介机构必须转变经营机制以不断适应变化的社会实际。以会计师事务所为主的财务会计中介机构必须遵循市场经济规律，以客户需求为核心，在符合法律规定和行业准则的情况下积极开拓市场，不断提高业务能力。在管理中，会计师事务所要不断借鉴国内外同行的成功经验，根据自身情况进行参考选用，不断完善我国财务会计中介机构的经营机制。此外，当前企业的竞争还是人才的竞争，因此财务会计中介机构若要获得长远持续的发展，必须重视人才的作用，对其工作人员要加大培训力度，提高其专业技能和职业道德等综合素质，同时也可以从企业外部聘请专业能力过硬和道德素质较高的人才进入机构，提高企业人才优势，以在激烈的市场竞争中保持不败地位。

3.诚信化发展

受利益的驱使，财务会计中介机构作为理性的"经济人"，在业务活动中为了利益而违规甚至违法行事的情况时有发生。一些国际知名财务会计中介机构出现的会计丑闻，曾引起社会轰动，机构也因此关闭。可见，在会计行业，中介机构的诚信问题是非常重要的，但目前财务会计服务中介的诚信建设与社会的需求还相差较远。

经济时代，在我国财务会计中介机构不断发展的情况下，必须不断强化其诚信建设，牢固树立行业诚信意识，营造诚信的行业环境，提高会计信息质量，严禁会计信息造假行为，将我国会计信息市场的发展朝着公平公正的方向推进。注册会计师保持独立性是会计工作公正公平的前提。但是受市场经济功利性等不良因素的影响，以及市场不正当竞争的推动，会计师的独立地位受到了极大的挑战，会计师常常需要在生存压力和法律责任之间进行衡量。因此，必须不断完善我国财务会计中介机构的诚信机制建设和诚信制度，以制度来约束会计师和财务会计中介机构的行为，提高会计师的自律。不断完善我国会计师工作制度，如上市公司的注册会计师必须由公司的监管部门委派，并定期更换财务会计中介机构，杜绝会计师和财务会计中介机构与上市公司产生过于亲密的关系；对违法会计行为造成的损失，要求财务会计中介机构和会计师个人承担相应的责任，提高其违法成本。诚信是会计行业的生存法则，会计师只有独立地开展工作，其工作结果才可能受到会计信息使用者和公众的认可。财务会计诚信危机的直接根源在于职业道德问题。财务会计行业提倡的诚信、操守、准则等应成为会计工作的最高法则。

（三）财务会计人才向高素质、高技能方向发展

财务会计系统的运行过程必须与经济主体运行的过程相适应，只有如此，才能提供准确的财务会计信息。因此，知识经济时代的财务会计人员将是具有多元知识结构和创新思维的复合型财务会计人才。随着我国经济的发展和政府对教育的大力投入，我国人均受教育水平不断提高，为我国进入知识经济时代打下了良好的基础。知识经济时代的全面到来对财务会计管理形成了非常大的冲击，但不仅是会计管理行业，各行各业都应该紧跟知识经济时代的步伐，加快革新自身理论体系及工作方法准则，重视知识的经济价值，实现成功转型，继而在知识经济时代下立于不败之地。

参 考 文 献

[1]张笑，盛洁，龙凤好.会计与财务管理专业实务操作系列教材：会计基础与应用第 2 版[M].北京：首都经济贸易大学出版社，2019.

[2]张捷，刘英明.教育部经济管理类主干课程教材：会计与财务系列基础会计学习指导书第 6 版[M].北京：中国人民大学出版社，2019.

[3]周虹，耿照源.会计学基础[M].杭州：浙江大学出版社，2019.

[4]李政，赵桂青.基础会计[M].北京：北京理工大学出版社，2019.

[5]杨忠智.财务管理第 3 版[M].厦门：厦门大学出版社，2019.

[6]王梦蕾.基础会计与财务管理[M].北京：北京工业大学出版社，2017.

[7]朱继民，周建龙.会计学基础[M].合肥：安徽大学出版社，2017.

[8]郭心想，卜素，孙元航.财务管理与会计基础[M].天津：天津人民出版社，2018.

[9]刘斌，张彩萍，任香芬.财务管理与会计基础[M].沈阳：辽宁大学出版社，2018.

[10]张东霞.会计学基础与财务管理[M].延吉：延边大学出版社，2018.

[11]张捷.教育部经济管理类主干课程教材会计与财务系列《基础会计（第 5 版）》学习指导书[M].北京：中国人民大学出版社，2018.

[12]陈德英.基础会计[M].上海：立信会计出版社，2018.

[13]陈国辉，迟旭升.基础会计[M].沈阳：东北财经大学出版社，2018.

[14]黄延霞.财务会计管理研究[M].北京：经济日报出版社，2018.

[15]黄慧，杨扬.财务会计[M].上海：上海社会科学院出版社，2018.

[16]龚菊明.基础会计[M].苏州：苏州大学出版社，2017.

[17]黄东坡，李敏.财务会计[M].郑州：黄河水利出版社，2017.

[18]孙自强，陈静，张荣静.财务会计[M].郑州：河南科学技术出版社，2017.

[19]彭静.农村财务管理与会计[M].重庆：重庆大学出版社，2017.

[20]廖忠友.会计基础教程[M].北京：中国经济出版社，2017.

[21]彭亚黎.财务管理实训[M].北京：北京理工大学出版社，2017.

[22]张素云.基础会计[M].上海：上海交通大学出版社，2017.

[23]王新利，宋锋森，付媛媛.财务管理与会计基础知识[M].海口：南方出版社，2019.